AJAX

Christian Wenz

AJAX

schnell + kompakt

entwickler.press

Christian Wenz
AJAX
schnell + kompakt
Frankfurt, 2007
ISBN 978-3-935042-92-5

© 2007 entwickler.press,
ein Imprint der Software & Support Verlag GmbH

4. aktualisierte Auflage, 2007

http://www.entwickler-press.de/
http://www.software-support.biz/

Ihr Kontakt zum Verlag und Lektorat: lektorat@entwickler-press.de

Bibliografische Information Der Deutschen Bibliothek
Die Deutsche Bibliothek verzeichnet diese Publikation in der
Deutschen Nationalbibliografie; detaillierte bibliografische Daten
sind im Internet über
http://dnb.ddb.de abrufbar.

Korrektorat: Petra Kienle
Satz: text & form GbR, Carsten Kienle
Umschlaggestaltung: Melanie Hahn
Belichtung, Druck und Bindung: M.P. Media-Print Informations-
technologie GmbH, Paderborn.

Inhaltsverzeichnis

Vorwort

Den Begriff „AJAX" gibt es schon lange. Doch sucht man danach bei einer Suchmaschine, tauchen der Allzweckreiniger, das holländische Fußballteam und die Figuren aus Homers Ilias erst recht weit hinten auf. Stattdessen steht AJAX mittlerweile vor allem für einen Kunstbegriff, den Jesse James Garrett Anfang 2005 formte. Gemäß seinem Essay (siehe http://www.adaptivepath.com/publications/essays/archives/000385.php) steht das Akronym für *Asynchronous JavaScript + XML*. Nicht nur merkwürdig, dass das Plus-Zeichen (englisch *and*) einen eigenen Buchstaben im Kürzel erhält (das zweite *A*), sondern auch sonst wirkt der Begriff „AJAX" eher wie ein Marketinginstrument. Asynchron muss das Ganze nämlich gar nicht sein (auch, wenn das sehr sinnvoll ist) und XML ist ebenfalls keine Pflicht.

Dennoch, das Ganze scheint ein so genannter *Tipping Point* gewesen zu sein. Seitdem es den Begriff gibt, kann man sich auch über die Technologie besser unterhalten. Technologischer Vorreiter ist aber die Firma Google, die mit Diensten wie Google Suggest, Google Mail oder Google Map schon lange auf AJAX setzt, noch bevor es den dazugehörigen Begriff gab.

Doch worum geht es überhaupt? Normalerweise gibt es nur eine Möglichkeit, das Aussehen einer Webseite zu verändern: durch ein Neuladen. Mit ein wenig JavaScript und Tricks wie beispielsweise versteckten Frames ließ sich das umgehen, doch im Massenmarkt kamen diese Ansätze nicht an. Unter anderem deswegen, weil die Implementierung relativ mühsam war und das Ganze eher als „Hack", denn als seriöse Entwicklungstechnik galt.

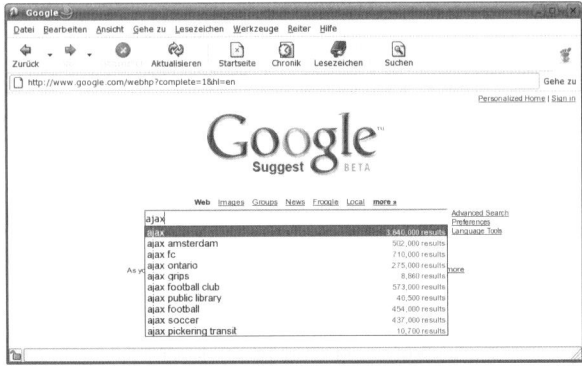

Google Suggest – Google schlägt dynamisch Suchbegriffe vor

Dann entwickelte Microsoft für den Eigengebrauch eine Möglichkeit, im Hintergrund eine HTTP-Abfrage an einen Server zu schicken und die Rückgabe auszuwerten. Per JavaScript ließ sich diese Rückgabe dann auf der aktuellen Seite anzeigen, ohne dass der gefürchtete „Page Refresh" (das Neuladen) einsetzte.

Andere Browser-Hersteller zogen nach, bauten diese Funktionalität ebenfalls in ihre Produkte ein und Google war eine der ersten Firmen, die das aktiv nutzten. Viele weitere folgten, im deutschen Raum beispielsweise die dynamische Landkartensuche von GoYellow.

Und in der Tat: Mehr steckt hinter AJAX eigentlich auch nicht, wenngleich der momentane Hype das vermuten ließe. Aus diesem Grund habe ich mich auch lange dagegen gesträubt, ein Buch über AJAX zu schreiben. Die Technologie selbst habe ich bereits vor Jahren beschrieben, damals jedoch noch ohne den schmucken Begriff. Außerdem wollte ich kein Buch mit mehreren hundert Seiten zu AJAX schreiben, während die Technologie selbst auf ungefähr 100 Seiten erschöpfend behandelt werden kann. Wie sollte ein solches Buch aussehen? Vermutlich würde es viel Füllwerk enthalten, beispielsweise einen JavaScript-Grundkurs oder viele komplexe, unflexible Beispiele oder ausführliche Beschreibungen von AJAX-Frameworks.

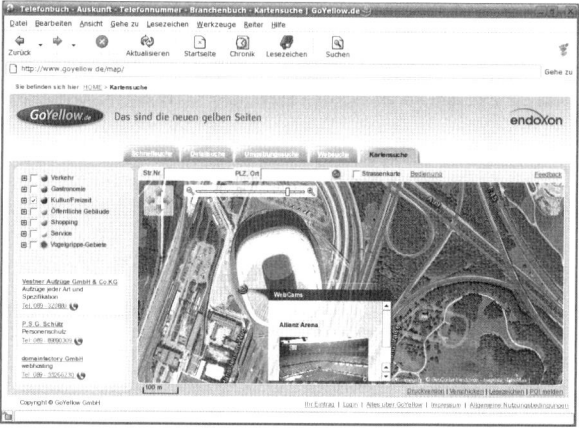

Die dynamische Landkartensuche von GoYellow

Ungefähr zeitgleich entwickelte ich zusammen mit Tobias Hauser und Erik Franz von entwickler.press eine neue Buchreihe namens „schnell und kompakt", die spezifische Themen ohne langes Drumherum auf rund 100 Seiten abhandeln sollte. Wir zählten eins und eins zusammen: In genau so einem Format sollte AJAX beschrieben werden, und nicht anders!

Sie halten hiermit einen der ersten Titel der Buchreihe in Händen, viele weitere werden hoffentlich folgen. In diesem Buch geht es also nur um AJAX, und zwar im folgenden Aufbau:

- Kapitel 1 beschreibt die technischen Grundlagen von AJAX, das so genannte `XMLHttpRequest`-Objekt. Dieses Kapitel erklärt, wie AJAX funktioniert, und zeigt zahlreiche Beispiele auf.
- Kapitel 2 zeigt, wie XML mit AJAX verwendet werden kann. Dieses Kapitel stellt etwas komplexere JavaScript-Möglichkeiten in den Bereichen XML, XPath und XSLT dar, legt dabei aber Wert auf ein browserunabhängiges Vorgehen.
- Kapitel 3 stellt JSON vor, ein spezielles Format, mit dem Java-Script-Objekte bequem in einen String umgewandelt werden können und vice versa.
- Kapitel 4 kümmert sich um zwei der größten Beschränkungen von AJAX: Es können keine Bookmarks gesetzt werden und die Zurück-Schaltfläche im Browser funktioniert nicht mehr. Für beide Einschränkungen werden Lösungsansätze vorgestellt und implementiert.
- Kapitel 5 zeigt auf, wie AJAX-Anwendungen mit serverseitigen Technologien kommunizieren und stellt für relevante Webtechnologien entsprechende Frameworks vor.
- Kapitel 6 enthält eine Kurzreferenz zum bereits angesprochenen `XMLHttpRequest`-Objekt.

Sie finden also insbesondere keine JavaScript-Einführung; profunde Kenntnisse in der Sprache, insbesondere im Bereich DOM, werden vorausgesetzt. Auch legt sich das Buch auf keine serverseitige Technologie fest. Wann immer möglich, wird ohne serverseitige Mittel gearbeitet, um nicht von vornherein bestimmte Technologien auszuschließen.

Aus diesem Grund sind die Beispiele von der Funktionalität her meist einfach gehalten, denn der Schwerpunkt liegt auf der Vermittlung der entsprechenden technologischen Hintergründe.

entwickler.press

Einige für die Funktionalität unwichtige Details (etwa bestimmte Elemente einer HTML-Seite) wurden, sofern möglich und sinnvoll, weggelassen.

Diese Beispiele lassen sich dann an alle erdenklichen AJAX-Anforderungen anpassen. Wann immer es system- oder browser-spezifisch wird, erfolgt ein expliziter Hinweis darauf.

Im Supportbereich unter http://www.hauser-wenz.de/support/ finden Sie Errata und Updates zu diesem Buch sowie alle Buchbeispiele zum Download. Im Weblog unter http://www.hauser-wenz.de/blog/ gibt es regelmäßig neue Einträge zu verschiedenen Themen der modernen Web-Entwicklung, natürlich auch zu AJAX. Über Ihr Feedback, sowohl zur Buchreihe an sich als auch zu diesem Buch, freue ich mich sehr. Auch für Fehlermeldungen bin ich dankbar. Unter http://www.hauser-wenz.de/support/kontakt/ können Sie mit mir Kontakt aufnehmen. Fragen zum Buch beantworte ich meist innerhalb eines Arbeitstages, einen allgemeinen Gratis-Support für AJAX kann ich leider nicht leisten.

Bleibt mir nur noch, Ihnen viel Vergnügen mit dem Buch zu wünschen. Wenn Sie eine spannende AJAX-Anwendung erstellt haben, lassen Sie es mich wissen!

Christian Wenz

Im April 2007

P.S.: Die erfreulichen Verkäufe dieses Buches haben mittlerweile den dritten Nachdruck ermöglicht. Sie finden in dieser Ausgabe viele kleine Detailverbesserungen, unter anderem Details zu PHP 5.2, ASP.NET AJAX, Internet Explorer 7 und Opera 9.

AJAX-Grundlagen

Während die Einleitung bereits in groben Zügen erklärt hat, was sich hinter AJAX wirklich verbirgt, dreht sich in diesem Kapitel alles um die technischen Details. Sie erfahren, wie Sie selbst einfache AJAX-Effekte erzielen können.

Von dem ganzen optischen Brimborium aktueller AJAX-Anwendungen einmal abgesehen, ist der Fokus schlicht der Datenaustausch im Hintergrund: Wie werden Daten an den Server übertragen? Wie ist es möglich, Daten an den Client zurückzuschicken?

Richtig sinnvoll ist eine AJAX-Anwendung erst dann, wenn serverseitige Mittel zum Einsatz kommen, also beispielsweise PHP oder ASP.NET. Um jedoch die Beispiele in diesem Kapitel einer möglichst breiten Masse zu erschließen, werden lediglich clientseitige Mittel eingesetzt. Auch, wenn ein Webserver im Hintergrund werkelt: Die Beispiele in diesem Kapitel arbeiten lediglich mit statischen HTML-Seiten und natürlich JavaScript-Code. Damit sollten alle Beispiele auf jedem System laufen, das JavaScript unterstützt.

Hinweis

In Kapitel 5 erfahren Sie einiges über serverseitige Frameworks, die den Umgang mit AJAX erleichtern können.

1.1 Das XMLHttpRequest-Objekt

Grundpfeiler von AJAX ist das bereits angesprochene XMLHttpRequest-Objekt, das den Datenaustausch mit einem Webserver ermöglicht, jedoch ganz ohne den gefürchteten „Page Refresh" (dem Neuladen und vor allem Neuaufbau der Seite).

Historie

Ursprünglich war das Ganze eine Erfindung von Microsoft. Ende der 90er Jahre sollte eine neue Version von Outlook Web Access erscheinen, dem Browser-Frontend für das Microsoft-Mailprogramm. Das erforderte aber einen Datenaustausch im Hintergrund. Stellen Sie sich beispielsweise den Posteingang in einem Browser-Fenster vor. Wenn dieser alle paar Minuten neu abgefragt wird, aber keine Mail eintrifft, ändert sich zwar nichts an den angezeigten Daten, aber die Seite baut sich bei jeder neuen Datenanforderung wieder neu auf.

Zwar gab es schon damals einige Mechanismen, um im Hintergrund Daten auszutauschen. In der Regel behalf man sich mit unsichtbaren Frames oder Iframes, die – unbemerkt vom Rest der Seite – permanent neu geladen werden konnten. Sollten neue Daten eintreffen, so fand das im Rahmen von JavaScript-Code statt, der dann auf den Rest der Seite einwirken und beispielsweise neue Mails anzeigen konnte.

Das funktionierte zwar alles recht gut, war aber nichtsdestotrotz ein Hack. Also wurde das Team des Internet Explorer kontaktiert und das XMLHttpRequest-Objekt ersonnen. Entsprechend dem

Geist dieser Zeit wurde das Ganze als ActiveX-Objekt implementiert und in Version 5.0 des Internet Explorer integriert. Das hatte nämlich den Vorteil, dass nicht nur JavaScript, pardon JScript, auf das Objekt zugreifen konnte, sondern auch VBScript. Zu diesem Zeitpunkt war der Browser-Krieg bekanntlich in vollem Gange und jeder Hersteller setzte stark auf eigene, proprietäre Technologien.

Outlook Web Access funktionierte also im Internet Explorer 5 tadellos (zumindest unter Windows – Mac-Nutzer schauen hier in die Röhre). Es sollte aber noch einige Jahre dauern, bis auch andere Browser-Hersteller Gefallen an der Idee des Datenaustauschs im Hintergrund fanden. Irgendwann machte sich das Mozilla-Projekt an die Arbeit, ein natives XMLHttpRequest-Objekt in seinen Browser zu integrieren – der ActiveX-Ansatz war mit dem betriebssystemunabhängigen Ansatz von Mozilla natürlich nicht vereinbar. Ab Mozilla 1.4 (das entspricht beispielsweise Netscape 7.1) war XMLHttpRequest mit an Bord; damit unterstützen natürlich auch alle darauf (oder auf Nachfolgerversionen) basierende Mozilla-Derivate inklusive des populären Firefox-Browser diesen Grundpfeiler der AJAX-Technologie.

Andere Browser-Hersteller wollten dem nicht nachstehen. Da Microsoft den Internet Explorer unter Mac mittlerweile eingestellt hat, was sich schon längere Zeit angebahnt hatte, ist der Apple-eigene Webbrowser Safari mittlerweile sehr populär (und als „cooler" gilt er so und so). Dieser ist keine komplette Eigenentwicklung, sondern basiert auf dem Konqueror-Browser, dem Standardbrowser unter dem Linux-Fenstermanagementsystem KDE. Apple hat also das XMLHttpRequest-Objekt im eigenen Browser ab Version 1.2 nachgerüstet und den Quellcode dafür wiederum dem Konqueror-Projekt (ab Version 3.2) zur Verfügung gestellt. Ergebnis: Auch Konqueror ist AJAX-fähig. Der norwegische Opera-Browser, mittlerweile komplett kosten- und werbebannerfrei, unterstützt seit Version 8 das XMLHttpRequest-Objekt, sogar im mobilen Browser. Selbst der recht exotische Mac-Browser iCab unterstützt in Version 3 XMLHttpRequest.

Microsoft hat mittlerweile das allgemeine Potenzial ihrer einst proprietären Erfindung erkannt. Die neue Version 7.0 des Internet Explorer, die zusammen mit Windows Vista ausgeliefert wird, unterstützt das XMLHttpRequest-Objekt nativ. Das bedeutet, dass kein ActiveX mehr notwendig ist, sondern nur noch aktiviertes JavaScript.

Und selbst für äußerst exotische oder alte Browser gibt es Lösungsansätze, etwa durch Verwendung eingebetteter Java-Applets. Doch es ist offensichtlich, dass sich ein solcher Aufwand für eine vernichtend geringe Zielgruppe nicht lohnt. Deswegen genügt es in praktisch allen Fällen, auf XMLHttpRequest zu setzen.

Das Objekt instanziieren

Es ist also in nicht allzu ferner Zukunft so, dass alle aktuellen Browser das XMLHttpRequest-Objekt nativ unterstützen. Das bedeutet, dass es irgendwann einmal sehr simpel sein wird, das XMLHttpRequest-Objekt zu instanziieren:

```
var XMLHTTP = new XMLHttpRequest();
```

Leider ist dieser Ansatz – oder die Hoffnung darauf – zurzeit noch ein wenig kurzsichtig. Der Internet Explorer 7 ist ein Teil von Vista und ein (Pflicht-)Update für Windows XP, aber es wird noch sehr lange dauern, bis der Internet Explorer 6 keinen relevanten Marktanteil mehr hat und somit geflissentlich ignoriert werden kann. Einige Empfehlungen lauten ja immer noch, Internet Explorer 5 und 5.5 weiterhin zu unterstützen.

Nun variieren je nach Zielgruppe der Website auch die Besuchergruppen. So haben beispielsweise sehr technologielastige Websites wie etwa http://entwickler.com/ einen höheren Marktanteil alternativer Browser (allen voran Firefox) als General-Interest-Angebote. Hier hilft also nur ein Blick in die eigene Browser-Statistik, um zu entscheiden, wie groß der Aufwand für welche Zielgruppe am Ende denn sein soll.

Zum jetzigen Zeitpunkt ist es allerdings Pflicht, zumindest den Internet Explorer 6.0 noch in vollem Umfang zu unterstützen – schließlich führt dieser fast jede Browser-Statistik mit teilweise deutlichem Vorsprung an.

Das XMLHttpRequest-Objekt wird wie bereits erwähnt über ActiveX aktiviert. Der dazugehörige JavaScript-Code kann folgendermaßen aussehen:

```
var XMLHTTP =
  new ActiveXObject("Microsoft.XMLHTTP");
```

In älteren Versionen ist das XMLHttpRequest-Objekt noch in die XML-Bibliothek von Microsoft fest integriert. Diese Systeme kennen Microsoft.XMLHTTP nicht, verstehen jedoch folgenden Aufruf:

```
try {
  var XMLHTTP =
    new ActiveXObject("Msxml2.XMLHTTP");
} catch (ex) {
  try {
    var XMLHTTP =
      new ActiveXObject("Microsoft.XMLHTTP");
  } catch (ex) {
  }
}
```

Profitipp

> Es gibt noch einige aktuellere Versionen des XMLHttpRequest-
> Objekts, die mit neueren Versionen des Microsoft-XML-Par-
> sers ausgeliefert werden. Dabei wird an Msxml2.XMLHTTP noch
> eine Versionsnummer angehängt, etwa .3.0, .4.0, .5.0 oder
> .6.0. Allerdings liefern auch die neueren Parser-Versionen von
> Microsoft noch die im vorherigen Code verwendeten „alten"
> Versionen mit, die völlig ausreichen.

Abschließend müssen diese zwei Ansätze (nun ja, eigentlich sind
es zweieinhalb) noch in Einklang gebracht werden. Das geht mit
einem weiteren try-catch-Block, der new XMLHttpRequest() ver-
sucht, oder Sie fragen von vornherein die Browser-Fähigkeiten
ab. Das ist aus Performancegründen etwas besser, da das Abfan-
gen einer Ausnahme aufwändiger ist als ein simpler Test auf das
Vorhandensein eines JavaScript-Objekts.

In Abhängigkeit vom Browser-Typ bzw. seinen JavaScript-Fähig-
keiten sieht die Überprüfung wie folgt aus:

- Der Internet Explorer kennt die Klasse window.ActiveXObject.
- Andere Browser kennen die Klasse window.XMLHttpRequest (die
  Klasse ist also unterhalb des window-Objekts aufgehängt).

Daraus ergibt sich der folgende Code, der browserunabhängig
ein XMLHttpRequest-Objekt erstellt:

Listing 1.1: Erstellung eines XMLHttpRequest-Objekts
(*XMLHttpRequest.html*)

```
<script language="JavaScript"
  type="text/javascript">
// <![CDATA[
var XMLHTTP = null;

if (window.XMLHttpRequest) {
  XMLHTTP = new XMLHttpRequest();
```

Listing 1.1: Erstellung eines XMLHttpRequest-Objekts (*XMLHttpRequest.html*) (Forts.)

```
} else if (window.ActiveXObject) {
  try {
    XMLHTTP =
      new ActiveXObject("Msxml2.XMLHTTP");
  } catch (ex) {

    try {
    XMLHTTP =
      new ActiveXObject("Microsoft.XMLHTTP");
    } catch (ex) {
    }
  }
}
// ]]>
</script>
```

Das erzeugt dann in allen JavaScript-fähigen Browsern ein XML-HttpRequest-Objekt. Falls das nicht klappt oder irgendein interner Fehler auftritt, hat die Variable XMLHTTP den Wert null. Die gute Nachricht: Die verschiedenen Implementierungen des XML-HttpRequest-Objekts sind zueinander kompatibel. Sie können also im Wesentlichen explizit für einen Browser entwickeln.

1.2 Eine HTTP-Anfrage senden

Das XMLHttpRequest-Objekt besitzt von sich aus eine ganze Reihe von Methoden und Eigenschaften, die zur Verarbeitung von Anfragen wichtig sind. Das allgemeine Vorgehen ist jedoch immer dasselbe:

1. Sie erzeugen eine HTTP-Anfrage (inklusive eventueller optionaler Parameter oder Header-Informationen).

2. Sie senden die HTTP-Anfrage an den Webserver.

3. Sie reagieren asynchron per Callback-Methode darauf, dass der Webserver ein Ergebnis liefert (oder auch nicht).

Hinweis

Sie können im dritten Schritt synchron auf das Ergebnis reagieren. Das bedeutet, dass die Skriptausführung „steht", bis der Server ein Ergebnis liefert. Das ist in der Regel nicht empfehlenswert, denn Ihr JavaScript-Code (und auch die Benutzer) hat sicherlich Nützlicheres zu tun, als zu warten, bevor es weitergehen kann.

Eine einfache Anfrage

Die Methode open() des XMLHttpRequest-Objekts dient dazu, eine HTTP-Anfrage zu erstellen, sie aber nicht abzuschicken. Es wird nicht einmal eine Serververbindung aufgebaut, auch wenn das der Name der Methode möglicherweise vermuten ließe.

In der Methode open() sind zwei Parameter erforderlich:

1. Die HTTP-Methode, die zum Einsatz kommen soll, also beispielsweise GET oder POST. Es sind aber auch andere Methoden möglich, sofern diese vom Webserver unterstützt werden, beispielsweise HEAD.

2. Der URL, an den die Anfrage geschickt werden soll. Wenn Sie GET als Methode verwenden, müssen Sie natürlich hier die entsprechenden Parameter gleich mit angeben.

Hinweis

Als optionalen dritten Parameter können Sie angeben, ob die Kommunikation asynchron sein soll (true, Standardwert) oder nicht (false), doch Letzteres ist wie bereits angedeutet nicht empfehlenswert. Als optionalen vierten und fünften Parameter können Sie einen Benutzernamen und ein Passwort für die HTTP-Authentifizierung angeben. Die beiden letzteren Daten sollten wenn dann nur vom Benutzer selbst kommen; Passwörter im Klartext haben in JavaScript-Code wenig zu suchen.

Hier einige Beispiele:

```
XMLHTTP.open("POST", "seite.php");

XMLHTTP.open("GET", "seite.aspx?parameter=wert");

XMLHTTP.open("HEAD", "/");
```

Damit das Ganze überhaupt funktioniert, muss ein Mechanismus zum Einsatz kommen, der die Abfrage der HTTP-Antwort ermöglicht. Dazu ist ein Event-Handler für das Ereignis readystatechange anzugeben. Das XMLHttpRequest-Objekt bietet die Eigenschaft onreadystatechange, die auf eine entsprechende Behandlungsfunktion zeigen soll. Dafür gibt es zwei Möglichkeiten. Entweder, eine anonyme Funktion kommt zum Einsatz:

```
XMLHTTP.onreadystatechange = function() {
  // ...
};
```

Oder es wird einfach auf eine entsprechende Funktion verwiesen:

```
XMLHTTP.onreadystatechange = Funktion;

function Funktion() {
  // ...
}
```

Profitipp

Aus Gründen der Übersichtlichkeit des Codes ist der Weg der Auslagerung in eine eigene Funktion meist vorzuziehen. Dazu ist es aber auf jeden Fall erforderlich, das XMLHttpRequest-Objekt in einer globalen Variablen abzulegen.

Diese Funktion – auch Callback-Funktion genannt – wird jedes Mal aufgerufen, wenn sich der Zustand der HTTP-Anfrage ändert. Das XMLHttpRequest-Objekt definiert dazu fünf verschiedene Zustände:

Tabelle 1.1: Zustände für das XMLHttpRequest-Objekt

Zustand	Beschreibung
0	Nicht initialisiert
1	Lädt gerade
2	Fertig geladen
3	Wartet auf Rückgabe
4	Vollständig

Die fünf Zustände aus Tabelle 1.1 stehen im XMLHttpRequest-Objekt über die Eigenschaft readyState zur Verfügung. Beim normale Lebenszyklus eines Aufrufs durchläuft readyState nacheinander die Werte von 1 bis 4. Interessant ist jedoch in den meisten Fällen nur der Wert 4, denn das bedeutet, dass die HTTP-Abfrage vollständig gesendet worden ist und auch schon ein Ergebnis vorliegt.

Dann können in der Callback-Funktion unter anderem diese Daten abgefragt werden:

- responseText – die Rückgabe der HTTP-Anfrage als Java-Script-String
- responseXML – die Rückgabe der HTTP-Anfrage als JavaScript-XML-DOM-Element (siehe dazu Kapitel 2)

- status – der vom Server gelieferte HTTP-Statuscode
- statusText – der Beschreibungstext des vom Server gelieferten HTTP-Statuscodes

Um den gesamten Prozess in Gang zu setzen, muss die HTTP-Anfrage letztendlich an den Server geschickt werden. Dazu dient die Methode send() des XMLHttpRequest-Objekts. Als Parameter übergeben Sie zunächst nur null; im nächsten Kapitelabschnitt sehen Sie, was Sie sonst noch übergeben könnten.

```
XMLHTTP.send(null);
```

Auf dem Server liegt nun eine simple Textdatei namens *daten.txt* mit folgendem Inhalt:

Listing 1.2: Die simplen Beispieldaten (*daten.txt*)

```
AJAX
```

Genau diese wird jetzt per AJAX abgefragt; das Ergebnis wird aus responseText ausgelesen. Zusätzlich gibt das folgende Listing auch noch die HTTP-Status-Informationen mit aus. Dazu dienen zwei Absätze (<p>-Elemente), auf die per JavaScript mittels document.getElementById() zugegriffen wird.

Listing 1.3: Die einfache HTTP-Anfrage (*HTTP-Anfrage.html*)

```
<script language="JavaScript"
  type="text/javascript">
// <![CDATA[
var XMLHTTP = null;

if (window.XMLHttpRequest) {
  XMLHTTP = new XMLHttpRequest();
} else if (window.ActiveXObject) {
```

Listing 1.3: Die einfache HTTP-Anfrage (*HTTP-Anfrage.html*) (Forts.)

```
  try {
    XMLHTTP =
     new ActiveXObject("Msxml2.XMLHTTP");
  } catch (ex) {
    try {
      XMLHTTP =
       new ActiveXObject("Microsoft.XMLHTTP");
    } catch (ex) {
    }
  }
}

function DatenAusgeben() {
  if (XMLHTTP.readyState == 4) {
    var d = document.getElementById("Daten");
    var s = document.getElementById("Status");
    d.innerHTML += XMLHTTP.responseText;
    s.innerHTML += XMLHTTP.status + " (" +
                   XMLHTTP.statusText + ")";
  }
}

window.onload = function() {
  XMLHTTP.open("GET", "daten.txt");
  XMLHTTP.onreadystatechange = DatenAusgeben;
  XMLHTTP.send(null);
}
// ]]>
</script>
<body>
  <p id="Daten">Daten vom Server: </p>
  <p id="Status">HTTP-Status: </p>
</body>
```

Eine besondere Erwähnung verdient noch die Verwendung von `window.onload`. Das sorgt dafür, dass die HTTP-Anfrage erst dann abgesetzt wird, wenn die HTML-Seite komplett geladen worden ist. Insbesondere im Internet Explorer ist die Skriptausführung (vor allem wenn Caching mit im Spiel ist) so schnell, dass die Antwort vom Server schneller verfügbar ist als dass der Internet Explorer die eigentliche HTML-Seite komplett geladen und verarbeitet hat. Dann aber kann der Zugriff auf `document.getElementById("Daten")` und `document.getElementById("Daten")` fehlschlagen. Deswegen kommt dieser kleine Kniff zum Einsatz. Am Ende erscheint im Webbrowser der Text vom Server nebst dem HTTP-Status 200.

Hinweis

Andere, häufig verwendete HTTP-Statuscodes sind 404 (nicht gefunden – liegt also wohl ein Tippfehler vor) und 500 (interner Serverfehler – liegt also wohl ein Fehler im serverseitigen Skript vor).

Abb. 1.4: Die Daten vom Server werden ausgegeben

Hinweis

Aus Sicherheitsgründen lassen alle Browser nur Zugriffe auf dieselbe Domain zu, auf der die aktuelle Seite liegt. Es ist also nicht möglich, per `XMLHttpRequest` auf eine komplett andere Domain zuzugreifen und dort Daten abzurufen. Zwar lassen sich einige Browser so konfigurieren, dass diese so einen Zugriff dennoch erlauben, doch können Sie nicht davon ausgehen, dass ein Client so eingerichtet ist.

Parameter per GET und POST

Im Zusammenhang mit serverseitigen Technologien erfordern dynamische AJAX-Anwendungen natürlich auch eine entsprechende Flexibilität. Deswegen sind Parameter notwendig, die dann per GET oder POST übergeben werden.

Dabei ist GET der einfachere Modus: Dort werden die entsprechenden Daten einfach hinten an den URL angehängt. Bei POST dagegen schickt der Client die Parameter nach dem HTTP-Header im eigentlichen Inhalt der HTTP-Anforderung mit.

Vorbereitungen

Das `XMLHttpRequest`-Objekt unterstützt beide Zugriffsmodi, jedoch leicht unterschiedlich. Um den Effekt zu reproduzieren, benötigen wir zunächst ein serverseitiges Skript, um die dynamischen Daten auszuwerten, die an den Server geschickt werden. Da dieses Buch technologieunabhängig sein soll, wird das Ganze in zwei Varianten durchgeführt: PHP und ASP.NET. Eine Portierung auf andere serverseitige Technologien ist jedoch trivial durchzuführen. Die PHP-Variante ist im Folgenden in allen Versionen abgedruckt, die Listings für ASP.NET befinden sich teilweise bei den Code-Downloads zu diesem Buch.

entwickler.press

Die folgenden Skripte geben GET- bzw. POST-Daten aus; genauer gesagt den Wert des GET- bzw. POST-Parameters a:

Listing 1.5: GET-Daten mit PHP ausgeben (*daten-get.php*)

```php
<?php
  if (isset($_GET['a'])) {
    echo $_GET['a'];
  }
?>
```

Listing 1.6: POST-Daten mit PHP ausgeben (*daten-post.php*)

```php
<?php
  if (isset($_POST['a'])) {
    echo $_POST['a'];
  }
?>
```

Listing 1.7: GET-Daten mit ASP.NET ausgeben (*daten-get.aspx*)

```csharp
<script runat="server" language="c#">
void Page_Load() {
  if (Request.QueryString["a"] != null) {
    Response.Write(Request.QueryString["a"]);
  }
  Response.End();
}
</script>
```

Listing 1.8: POST-Daten mit ASP.NET ausgeben (*daten-post.aspx*)

```c#
<script runat="server" language="c#">
void Page_Load() {
  if (Request.Form["a"] != null) {
    Response.Write(Request.Form["a"]);
  }
  Response.End();
}
</script>
```

Versand per GET

Der Aufruf per GET ist dabei relativ einfach; es muss lediglich der URL bei der Methode open() angepasst werden. Hier eine gekürzte Version, die Daten – natürlich URL-kodiert – per GET an das PHP-Skript schickt (eine ASP.NET-Variante befindet sich bei den Buch-Downloads):

Listing 1.9: GET-Daten an PHP schicken (*HTTP-GET-PHP.html*)

```javascript
<script language="JavaScript"
  type="text/javascript">
// <![CDATA[

// ...

function DatenAusgeben() {
  if (XMLHTTP.readyState == 4) {
    var d = document.getElementById("Daten");
    d.innerHTML += XMLHTTP.responseText;
  }
}
```

Listing 1.9: GET-Daten an PHP schicken (*HTTP-GET-PHP.html*)

```
window.onload = function() {
  XMLHTTP.open("GET", "daten-get.php?a=AJAX");
  XMLHTTP.onreadystatechange = DatenAusgeben;
  XMLHTTP.send(null);
}
// ]]>
</script>
<body>
  <p id="Daten">Daten vom Server: </p>
</body>
```

Nach kurzer Zeitverzögerung erscheint im Webbrowser der Text vom Server, also in diesem Fall der Wert des Parameters a, AJAX.

Versand per POST

Bei POST ist es etwas komplizierter. Werfen Sie dazu einen Blick auf eine typische HTTP-POST-Anfrage:

```
POST /AJAX/ziel.html HTTP/1.1
Host: localhost
User-Agent: Mozilla/5.0 (Windows; U; Windows NT 5.1; de;
rv:1.8.0.1) Gecko/20060111 Firefox/1.5.0.1
Accept: text/xml,application/xml,application/
xhtml+xml,text/html;q=0.9,text/plain;q=0.8,image/png,*/
*;q=0.5
Accept-Language: de-de,de;q=0.8,en-us;q=0.5,en;q=0.3
Referer: http://localhost/AJAX/quelle.html
Content-Type: application/x-www-form-urlencoded
Content-Length: 6

a=AJAX
```

Die wichtigen Elemente sind halbfett hervorgehoben. Die POST-Daten werden nach dem Header verschickt – dazwischen befindet sich also eine Leerzeile.

Ganz entscheidend jedoch ist der Eintrag `Content-Type`. Damit wird dem Server angegeben, auf welche Art und Weise die POST-Daten übertragen werden. Wird dieser Wert nicht auf das angegebene gesetzt, nämlich `application/x-www-form-urlencoded`, erkennt der Server die POST-Daten nicht.

Um einen zusätzlichen HTTP-Header zu setzen, ist beim `XMLHttpRequest`-Objekt die Methode `setRequestHeader()` notwendig, die einen Namen und einen Wert erwartet.

```
XMLHTTP.setRequestHeader("Content-Type",
  "application/x-www-form-urlencoded");
```

Die eigentlich zu sendenden Daten werden als Parameter in der Methode `send()` angegeben, also auf die folgende Art und Weise:

```
XMLHTTP.send("a=AJAX");
```

Das führt zu dem folgenden, vollständigen Beispiel (wiederkehrende Elemente wie die Instanziierung des `XMLHttpRequest`-Objekts wurden weggelassen):

Listing 1.10: POST-Daten an PHP schicken (*HTTP-POST-PHP.html*)

```
<script language="JavaScript"
  type="text/javascript">
// <![CDATA[
```

Listing 1.10: POST-Daten an PHP schicken (*HTTP-POST-PHP.html*)
(Forts.)

```
// ...

function DatenAusgeben() {
  if (XMLHTTP.readyState == 4) {
    var d = document.getElementById("Daten");
    d.innerHTML += XMLHTTP.responseText;
  }
}

window.onload = function() {
  XMLHTTP.open("POST", "daten-post.php");
  XMLHTTP.onreadystatechange = DatenAusgeben;
  XMLHTTP.setRequestHeader("Content-Type",
    "application/x-www-form-urlencoded");
  XMLHTTP.send("a=AJAX");
}
// ]]>
</script>
<body>
  <p id="Daten">Daten vom Server: </p>
</body>
```

Hinweis

Wenn Sie mehrere Parameter schicken möchten, müssen Sie
wie üblich die einzelnen Name-Wert-Paare durch ein kaufmän-
nisches Und (&) voneinander trennen. Außerdem müssen alle
Daten korrekt URL-kodiert werden, also beispielsweise %20
statt eines Leerzeichens (das den ASCII-Wert 32 hat, was he-
xadezimal der 20 entspricht).

Abb. 1.11: Die POST-Daten werden verschickt und wieder ausgegeben

Anfragen vorzeitig abbrechen

Wenn die HTTP-Anfragen aufgrund einer Nutzeraktion (etwa dem Klicken auf eine Schaltfläche) abgesetzt werden, ist es unter Umständen unerwünscht, wenn mehrere Anfragen gleichzeitig laufen und es – aufgrund des asynchronen Verhaltens – nicht feststeht, in welcher Reihenfolge die HTTP-Antworten eintreffen. In diesem Fall sollten Sie eine eventuell bestehende, aber noch nicht vollendete Abfrage zuvor abbrechen. Das geschieht mit der Methode abort() des XMLHttpRequest-Objekts. Davor empfiehlt es sich natürlich, die Eigenschaft readyState abzufragen. Hier ein dazu passender, exemplarischer JavaScript-Code:

```
if (XMLHTTP.readyState < 4) {
  XMLHTTP.abort();
}
// und jetzt: Neue HTTP-Anfage starten
```

Die HTTP-Antwort auswerten

Neben der eigentlichen Rückgabe des Skripts ist es weiterhin möglich, auf alle HTTP-Header der Antwort vom Server zuzugreifen. Diese werden von der Methode getAllResponseHeaders() als String zurückgegeben.

Hinweis

Der Hinweis auf einzelne, benannte Header ist auch möglich; die entsprechende Methode heißt getResponseHeader() und erwartet als Parameter den Namen des Headers.

Jetzt beginnt es leider, browserabhängig zu werden:

- Bei manchen Browsern werden die einzelnen Header-Einträge durch eine neue Zeile (\n) voneinander getrennt, bei anderen wird zusätzlich noch ein Wagenrücklauf eingefügt (\r\n). Fazit: auf \n prüfen, nicht auf \r\n.
- Nicht in allen Browsern stehen alle HTTP-Header zur Verfügung. Insbesondere der Internet Explorer „verschluckt" gerne einige Header-Einträge.

Die Ausgabe der Daten ist dieses Mal etwas trickreicher. Das Ganze geschieht im Rahmen einer HTML-Tabelle. Die ist bereits – ohne großen Inhalt – auf der Seite:

```
<table id="Header">
  <thead>
    <tr><th>Name</th><th>Wert</th></tr>
  </thead>
</table>
```

Die einzelnen Zellen werden in einem <tbody>-Element dargestellt, das dann dynamisch vom JavaScript-Code aus via DOM
erzeugt wird.

Profitipp

> Die Verwendung von <thead> und <tbody> ist dabei ein Zuge-
> ständnis an den Internet Explorer. Mozilla-Browser beispiels-
> weise benötigen das nicht, um die Tabelle korrekt darzustel-
> len. Der Internet Explorer jedoch zeigt dynamisch erzeugte
> Tabellen ohne diese beiden Bereiche nicht an.

Die per getAllResponseHeaders() ermittelten Daten werden zunächst voneinander getrennt und anschließend werden auch ihre
Werte separiert; dabei dienen ein Doppelpunkt und ein nachfol-
gendes Leerzeichen als Trenner. Ein einzelner Header wird im
Format Content-Length: 4 dargestellt.

Das führt zu folgendem Code (Ausgabe der Header-Daten fett
gedruckt):

Listing 1.12: HTTP-Header als Tabelle ausgeben
(*HTTP-Header.html*)

```
<script language="JavaScript"
  type="text/javascript">
// <![CDATA[

// ...
```

Listing 1.12: HTTP-Header als Tabelle ausgeben
(*HTTP-Header.html*) (Forts.)

```
function DatenAusgeben() {
  if (XMLHTTP.readyState == 4) {
    var h = document.getElementById("Header");
    var b = document.createElement("tbody");
    var headers = XMLHTTP
                   .getAllResponseHeaders()
                   .split("\n");
    for (var i=0; i<headers.length; i++) {
      var trenner = headers[i].indexOf(": ");
      var zeile =
        document.createElement("tr");
      var zelle1 =
        document.createElement("td");
      var text = document.createTextNode(
        headers[i].substring(0, trenner));
      zelle1.appendChild(text);
      zeile.appendChild(zelle1);
      var zelle2 =
        document.createElement("td");
      var text = document.createTextNode(
        headers[i].substring(trenner + 2,
          headers[i].length));
      zelle2.appendChild(text);
      zeile.appendChild(zelle2);
      b.appendChild(zeile);
    }
    h.appendChild(b);
  }
}
```

Listing 1.12: HTTP-Header als Tabelle ausgeben
(*HTTP-Header.html*) (Forts.)

```
window.onload = function() {
  XMLHTTP.open("GET", "daten.txt");
  XMLHTTP.onreadystatechange = DatenAusgeben;
  XMLHTTP.send(null);
}
// ]]>
</script>
<body>
  <table id="Header">
    <thead>
      <tr><th>Name</th><th>Wert</th></tr>
    </thead>
  </table>
</body>
```

Die Abbildungen zeigen die verschiedenen Darstellungen desselben Skripts in verschiedenen Browsern.

Abb. 1.13: Das Beispiel im Konqueror-Browser

Abb. 1.14: Das Beispiel im Epiphany-Browser (ein Mozilla-Derivat)

Abb. 1.15: Das Beispiel im Internet Explorer

Profitipp

Wenn es nur um die entsprechenden HTTP-Header geht, würde die HTTP-Methode TRACE eigentlich ausreichen, denn die ist für genau diesen Zweck geschaffen worden. Aus Sicherheitsgründen (Stichwort *Cross-Site Tracing*) ist diese HTTP-Methode aber mittlerweile bei vielen Webservern deaktiviert.

Das vorangegangene Listing zeigt nicht nur die prinzipielle Vorgehensweise bei der Arbeit mit dem `XMLHttpRequest`-Objekt, sondern auch einige DOM-Funktionalitäten von JavaScript, etwa zur dynamischen Generierung von Tabellen.

KAPITEL 2

AJAX und XML

Ein großes Manko war bis jetzt die Tatsache, dass vom Server immer nur ein simpler String geliefert wird. Eine Serialisierung komplexer Daten wird zwar serverseitig vielfältig unterstützt, clientseitig ist das aber recht mühsam (einen möglichen Ausweg finden Sie in Kapitel 3).

Das XMLHttpRequest-Objekt bietet nun jedoch eine eingebaute Möglichkeit, strukturierte Daten zu verwenden: XML. Doch damit nicht genug: JavaScript ermöglicht es außerdem, diese XML-Daten in den meisten relevanten Browsern weiterzuverarbeiten, und zwar unter anderem auf die folgende drei Arten:

- Durch direkten DOM-Zugriff auf die XML-Daten
- Durch XPath-Suchen in den Daten
- Durch XSLT-Umwandlungen der Daten

Ein kleines Problem soll aber nicht verschwiegen werden. Die zwei großen Herstellergruppen bei den relevanten Webbrowsern – Microsoft und der Rest – vertreten unterschiedliche Ansichten davon, wie diese Unterstützung aussehen soll. Um alle Unterschiede und Feinheiten verstehen zu können, bedarf es eines modernen JavaScript-Buchs und viel, viel Geduld.

Deswegen geht dieses Kapitel einen besonderen und etwas frustfreieren Weg. In fast allen Fällen benötigen Sie nur bestimmte Funktionalitäten im Bereich XML, XPath und XSLT. Beispielsweise geht es bei XML darum, Knoten zu finden und auf deren Werte und Attribute zuzugreifen.

Die Beispiele in diesem Kapitel legen also den Schwerpunkt auf diese Funktionalität und zeigen, wie diese browserunabhängig umgesetzt werden kann.

2.1 XML per AJAX laden

Für die Verarbeitung von XML-Daten per AJAX ist zunächst einmal XML von Nöten. Um die Beispiele möglichst einfach und vor allem von serverseitigen Technologien unabhängig zu halten, setzen wir auch hier wieder auf statische Daten, die folgende XML-Datei:

Listing 2.1: Die Beispiel-XML-Daten für dieses Kapitel (*daten.xml*)

```xml
<?xml version="1.0" encoding="UTF-8"?>
<ResultSet totalResultsAvailable="24900000"
totalResultsReturned="10">
  <Result>
    <Title>AJAX - Wikipedia</Title>
    <Summary>Background about the web development
technique for creating interactive web applications.
</Summary>
    <Url>http://en.wikipedia.org/wiki/AJAX</Url>
  </Result>
  <Result>
    <Title>Ajax: A New Approach to Web Applications
</Title>
    <Summary>Essay by Jesse James Garrett from Adaptive
Path.</Summary>
```

Listing 2.1: Die Beispiel-XML-Daten für dieses Kapitel (*daten.xml*)

```
    <Url>http://www.adaptivepath.com/publications/essays/
archives/000385.php</Url>
  </Result>
  <Result>
    <Title>AFC Ajax</Title>
    <Summary>Official site. Club information, match
reports, news, and much more.</Summary>
    <Url>http://www.ajax.nl/</Url>
  </Result>
</ResultSet>
```

Hinweis

Diese XML-Datei ist ein vereinfachter Auszug aus dem, was
der Such-Webservice von Yahoo! zurückliefert. Im nächsten
Kapitel finden Sie einige weitere Informationen zu diesem
Webservice.

Diese XML-Datei enthält ein Wurzelelement, <ResultSet>, sowie
einzelne Unterelemente namens <Result>. Jedes dieser „Resulta-
te" umfasst einen Titel (<Title>), eine Beschreibung/Zusammen-
fassung (<Summary>) und einen URL (<Url>). Ziel der meisten Listings in diesem Kapitel soll es sein, diese Daten schön formatiert
auszugeben, auch in tatsächlichen Projekten immer wieder eine
Herausforderung.

Wenn Sie das XMLHttpRequest-Objekt verwenden, gibt es nicht
nur die Eigenschaft responseText zur Abfrage des Rückgabe-
werts, sondern auch die Eigenschaft responseXML. Diese wandelt
die Rückgabe vom Server in ein XML-DOM-Objekt um – sofern
der XML-Code auch valide ist. Ansonsten hat responseXML den
Wert null.

Vor allem der Internet Explorer stellt noch eine zusätzliche Bedingung an die XML-Daten: Sie müssen den richtigen MIME-Typ haben, damit sie auch wirklich als XML erkannt werden. Im vorliegenden Beispiel hat die Datei auf dem Server die Endung *.xml*, weswegen der Server in der Regel automatisch den richtigen Typ in der HTTP-Antwort mitschickt. Sollte das unterbleiben, müssen Sie entweder den Webserver entsprechend konfigurieren oder Sie schreiben ein kleines Hilfsskript, das die XML-Datei samt korrektem MIME-Typ ausgibt. Nachfolgend sehen Sie exemplarisch ein solches Hilfsskript für PHP, das den korrekten HTTP-Header für den MIME-Typ setzt und dann die Datei *daten.xml* ausgibt:

Listing 2.2: Das PHP-Skript setzt den erforderlichen MIME-Typ (*daten.php*)

```php
<?php
  header('Content-type: text/xml');
  readfile('daten.xml');
?>
```

2.2 XML weiterverarbeiten

Der Wert der Eigenschaft responseXML ist bereits ein XML-DOM-Dokument, so dass es der Browser direkt weiterverarbeiten kann. Trotz aller Unterschiede der einzelnen Browser, diese Methoden und Eigenschaften funktionieren auf allen relevanten Systemen:

• Die Eigenschaft documentElement zeigt auf den Wurzelknoten im Dokument.
• Die Eigenschaft xml enthält den eigentlichen Inhalt des XML-Objekts als String.
• Die Methode getAttribute() bietet den Zugriff auf ein Attribut eines XML-Knotens.

- Die Methode getElementsByTagName() liefert eine Liste aller Knoten mit dem angegebenen Namen zurück..
- Die Eigenschaft childNodes enthält alle Kindknoten des aktuellen Knotens (und es gibt natürlich die anderen, von DOM her bekannten Eigenschaften wie firstChild, nextSibling etc.)
- Die Eigenschaften nodeName und nodeValue enthalten den Namen und den Wert eines Knotens.

Hinweis

Der Zugriff auf den Knotentext via nodeValue funktioniert allerdings nur bei Textknoten. Wenn also beispielsweise <a>b</a> vorliegt und der aktuelle Knoten <a> ist, müssen Sie mit first-Child.nodeValue auf den Text b zugreifen.

Und das ist tatsächlich (fast) alles, was man in der Regel braucht. Bei der Verarbeitung von XML-Daten durchläuft man entweder das gesamte XML-Dokument (hier sind childNodes und Konsorten sehr praktisch) oder man greift direkt auf bekannte und benannte Knoten zu (mit getElementsByTagName()).

Im folgenden Beispiel sehen Sie von allem etwas. Ziel ist es, die Daten in der XML-Datei auf der Seite auszugeben. Dazu sind bereits ein paar HTML-Platzhalter vorgesehen:

```
<p><span id="Anzahl">0</span> von <span id="Gesamt">0
</span> Treffern:</p>
<table id="Treffer">
  <thead>
    <tr><th>Titel</th><th>Beschreibung</th><th>URL</th>
    </tr>
  </thead>
</table>
```

Am einfachsten ist es natürlich, die beiden <span>-Elemente An-zahl und Gesamt zu füllen; die zugehörigen Informationen stehen direkt im Wurzelknoten der XML-Daten:

```
var xml = XMLHTTP.responseXML;

var anzahl = document.getElementById("Anzahl");
var gesamt = document.getElementById("Gesamt");
anzahl.innerHTML =
xml.documentElement.getAttribute("totalResultsReturned");
gesamt.innerHTML =
xml.documentElement.getAttribute("totalResultsAvailable");
```

Etwas kniffliger sind die Daten, die in die HTML-Tabelle zu schreiben sind. Der <thead>-Bereich mit der Kopfzeile steht be-reits fest, nur <tbody> fehlt noch. Dazu müssen alle <Result>-Ele-mente im XML durchlaufen werden:

```
var treffer = document.getElementById("Treffer");
var tbody = document.createElement("tbody");

var ergebnisse = xml.getElementsByTagName("Result");
for (var i=0; i<ergebnisse.length; i++) {
```

Im Inneren der Schleife läuft immer derselbe Mechanismus ab:

1. Eine neue Tabellenzeile (<tr>) wird erstellt.

2. Drei neue Tabellenzellen (<td>) werden erstellt (für Titel, Be-schreibung und URL).

3. Pro Zelle wird ein Textknoten mit den Daten aus dem XML er-stellt.

4. Abschließend werden die Textknoten an die Zellen und die Zellen an die Zeile und die Zeile an die Tabelle gehängt.

Die größten Schwierigkeiten liegen hier vermutlich im dritten Schritt. Per getElementsByTagName() haben wir eine Liste von <Result>-Knoten erhalten, aber über die Reihenfolge der Unterknoten ist nichts gesagt. Deswegen müssen Sie alle Unterknoten durchlaufen und jeweils deren nodeName-Eigenschaft überprüfen. Bei den drei Werten Title, Summary und URL schlagen Sie (virtuell) zu und erstellen den zugehörigen Textknoten.

Der dafür notwendige Code sieht wie folgt aus:

```
var zeile = document.createElement("tr");
var titel = document.createElement("td");
var beschreibung = document.createElement("td");
var url = document.createElement("td");
var titeltext, beschreibungtext, urltext;
for (var j=0; j<ergebnisse[i].childNodes.length; j++) {
  var knoten = ergebnisse[i].childNodes[j];
  switch (knoten.nodeName) {
    case "Title":
      titeltext = document.createTextNode(
        knoten.firstChild.nodeValue);
      break;
    case "Summary":
      beschreibungtext = document.createTextNode(
        knoten.firstChild.nodeValue);
      break;
    case "Url":
      urltext = document.createTextNode(
        knoten.firstChild.nodeValue);
      break;
  }
}
titel.appendChild(titeltext);
beschreibung.appendChild(beschreibungtext);
url.appendChild(urltext);
```

```
    zeile.appendChild(titel);
    zeile.appendChild(beschreibung);
    zeile.appendChild(url);
    tbody.appendChild(zeile);
}
```

Das war es im Wesentlichen auch schon. Der Rest sind nur noch Aufräumarbeiten (etwa den <tbody>-Bereich in die Tabelle zu hängen) sowie die unvermeidliche Erzeugung nebst Aufruf des XMLHttpRequest-Objekts. Im Folgenden finden Sie den fast kompletten Code. Nur die immer wiederkehrende Instanziierung von XMLHttpRequest wurde aus Platzgründen (wie in den meisten anderen Listings in diesem Buch) weggelassen.

Listing 2.3: Die XML-Daten werden per JavaScript in die Tabelle eingefügt (*XML.html*)

```
<script language="JavaScript"
  type="text/javascript">
// <![CDATA[

// ...

function DatenAusgeben() {
  if (XMLHTTP.readyState == 4) {
    var xml = XMLHTTP.responseXML;

    var anzahl = document.getElementById("Anzahl");
    var gesamt = document.getElementById("Gesamt");
    anzahl.innerHTML =
xml.documentElement.getAttribute("totalResultsReturned");
    gesamt.innerHTML =
xml.documentElement.getAttribute("totalResultsAvailable");
```

Listing 2.3: Die XML-Daten werden per JavaScript in die Tabelle eingefügt (*XML.html*) (Forts.)

```javascript
var treffer = document.getElementById("Treffer");
var tbody = document.createElement("tbody");


var ergebnisse = xml.getElementsByTagName("Result");
for (var i=0; i<ergebnisse.length; i++) {
  var zeile = document.createElement("tr");
  var titel = document.createElement("td");
  var beschreibung = document.createElement("td");
  var url = document.createElement("td");
  var titeltext, beschreibungtext, urltext;
  for (var j=0; j<ergebnisse[i].childNodes.length; j++) {
    var knoten = ergebnisse[i].childNodes[j];
    switch (knoten.nodeName) {
      case "Title":
        titeltext = document.createTextNode(
          knoten.firstChild.nodeValue);
        break;
      case "Summary":
        beschreibungtext = document.createTextNode(
          knoten.firstChild.nodeValue);
        break;
      case "Url":
        urltext = document.createTextNode(
          knoten.firstChild.nodeValue);
        break;
    }
  }
  titel.appendChild(titeltext);
  beschreibung.appendChild(beschreibungtext);
  url.appendChild(urltext);
```

Listing 2.3: Die XML-Daten werden per JavaScript in die Tabelle eingefügt (*XML.html*) (Forts.)

```
      zeile.appendChild(titel);
      zeile.appendChild(beschreibung);
      zeile.appendChild(url);
      tbody.appendChild(zeile);
    }
    treffer.appendChild(tbody);
  }
}

window.onload = function() {
  XMLHTTP.open("GET", "daten.xml");
  XMLHTTP.onreadystatechange = DatenAusgeben;
  XMLHTTP.send(null);
}
// ]]>
</script>
<body>
  <p><span id="Anzahl">0</span> von <span id="Gesamt">0
</span> Treffern:</p>
  <table id="Treffer">
    <thead>
      <tr><th>Titel</th><th>Beschreibung</th><th>URL</th>
      </tr>
    </thead>
  </table>
</body>
```

Abb. 2.4: Die Daten erscheinen in der HTML-Tabelle

Hinweis

Bis hierher funktionieren alle Listings in allen relevanten Browsern, also außer im Internet Explorer und in den verschiedenen Mozilla-Varianten auch im Konqueror/Safari und im Opera-Browser. Alle weiteren Listings beschränken sich leider zurzeit noch auf Internet Explorer und Mozilla, wobei immer die Hoffnung bleibt, dass die anderen Browser nachziehen.

2.3 XPath

Etwas kniffliger als die Ansteuerung der XML-Daten via DOM ist schon die Verwendung von XPath, der Abfragesprache für XML-Daten. Das liegt nicht nur daran, dass XPath etwas komplexer ist als der eher simple DOM-Zugriff auf XML-Daten, sondern auch an der komplett unterschiedlichen Handhabung von Seiten der Browser-Hersteller. Beim Internet Explorer ist es relativ einfach. Der Wurzelknoten (XMLHTTP.responseXML.documentElement) des XML-Objekts besitzt unter anderem diese beiden Methoden:

- `selectNodes()` – wählt mehrere Knoten mit einem XPath-Ausdruck aus.
- `selectSingleNode()` – wählt einen einzelnen Knoten mit einem XPath-Ausdruck aus

Die Rückgabe dieser beiden Methoden ist leider kein herkömmliches XML-Knoten-Objekt, bietet aber die äußerst praktische Eigenschaft text. Diese gibt den Textinhalt des Knotens zurück, ohne mühsamen Umweg über firstChild.nodeValue.

Der zugehörige Code, der – wie zuvor – eine Tabelle füllen will (die Daten für die `<span>`-Elemente werden der Einfachheit halber weggelassen, weil das per XML-DOM weitaus einfacher geht), kann dann für den Internet Explorer ungefähr wie folgt aussehen:

```
var xml = XMLHTTP.responseXML;
var treffer = document.getElementById("Treffer");
var tbody = document.createElement("tbody");
var knoten = [];
knoten = xml.documentElement.selectNodes("Result");

for (var i=0; i<knoten.length; i++) {
  var titeltext, beschreibungtext, urltext;
  titeltext = knoten[i].selectSingleNode("Title").text;
  beschreibungtext =
    knoten[i].selectSingleNode("Summary").text;
  urltext = knoten[i].selectSingleNode("Url").text;

  // und Daten wieder an das HTML-DOM anhängen
}
```

Schon etwas schwieriger ist es mit anderen Browsern. Mozilla-Browser und Opera 9 kennen das Objekt XPathEvaluator, das XPath-Ausdrücke auswerten kann. Nach der Objektinstanziierung sorgt die Methode evaluate() dafür, dass die XPath-Abfrage auf die XML-Daten angewandt wird. Bei den fünf Parametern geben Sie den XPath-Ausdruck, den Knoten, in dem gesucht werden soll, null, den Rückgabetyp und nochmals null an.

In Hinblick auf die Rückgabetypen gibt es mehrere Möglichkeiten, wobei in aller Regel einer der folgenden Werte zum Einsatz kommt:

- XPathResult.ANY_TYPE – automatische Typbestimmung
- XPathResult.ORDERED_NODE_ITERATOR_TYPE – ein Iterator mit einer Liste aller ermittelten Knoten
- XPathResult.FIRST_ORDERED_NODE_TYPE – der erste ermittelte Knoten

Folgender Code greift also auf alle <Result>-Elemente zu; der XPath-Ausdruck ist Result, ein Iterator ist der Rückgabetyp. Mit der letzteren Methode iterateNext() erhalten Sie das jeweils nächste Element der Liste zurück und können es in die Knotenliste (ein JavaScript-Array) einfügen:

```
var xpe = new XPathEvaluator();
var iter = xpe.evaluate(
  "Result",
  xml.documentElement,
  null,
  XPathResult.ORDERED_NODE_ITERATOR_TYPE,
  null);
var element;
while (element = iter.iterateNext()) {
  knoten.push(element);
}
```

Bei der Ermittlung der Titel, Beschreibungen und URLs kann auch auf XPath gesetzt werden. Dann jedoch ist immer nur ein

Element zurückzugeben, so dass sich selectSingleNode() geradezu aufdrängt. Das liefert zusammen mit dem Rückgabetyp XPath-Result.FIRST_ORDERED_NODE_TYPE ein Objekt zurück, dessen Eigenschaft singleNodeValue den gewünschten XML-Knoten liefert. Von dort aus gelangen Sie mit dem üblichen firstChild.nodeValue an den entsprechenden Wert.

Der Code ist für alle drei Angaben aus den XML-Daten recht ähnlich, hier exemplarisch die JavaScript-Kommandos für den Titel:

```
var xpe = new XPathEvaluator();
var iter = xpe.evaluate(
  "Title",
  knoten[i],
  null,
  XPathResult.FIRST_ORDERED_NODE_TYPE,
  null);
  titeltext = iter.singleNodeValue.firstChild.nodeValue;
```

Sie sehen also: Die Ansteuerung ist nicht sehr konsistent zwischen den Browsern, aber mit einer entsprechenden Fallunterscheidung lassen sich die verschiedenen Clients bedienen:

```
if (window.XPathEvaluator) {
  // Code für Mozilla
} else {
  // Code für Internet Explorer
}
```

Am Ende erhalten Sie über 100 Zeilen Code für dieses Beispiel, von denen Sie die wichtigsten im Folgenden im Gesamtzusammenhang abgedruckt finden:

Listing 2.5: Die XML-Daten werden per JavaScript in die Tabelle eingefügt (*XML.html*)

```javascript
<script language="JavaScript"
  type="text/javascript">
// <![CDATA[

// ...

function DatenAusgeben() {
  if (XMLHTTP.readyState == 4) {
    var xml = XMLHTTP.responseXML;
    var treffer = document.getElementById("Treffer");
    var tbody = document.createElement("tbody");
    var knoten = [];

    if (window.XPathEvaluator) {
      var xpe = new XPathEvaluator();
      var iter = xpe.evaluate(
        "Result",
        xml.documentElement,
        null,
        XPathResult.ORDERED_NODE_ITERATOR_TYPE,
        null);
      var element;
      while (element = iter.iterateNext()) {
        knoten.push(element);
      }
    } else {
      knoten = xml.documentElement.selectNodes("Result");
    }

    for (var i=0; i<knoten.length; i++) {
      var titeltext, beschreibungtext, urltext;
      if (window.XPathEvaluator) {
        var xpe = new XPathEvaluator();
```

Listing 2.5: Die XML-Daten werden per JavaScript in die Tabelle eingefügt (*XML.html*) (Forts.)

```
        var iter = xpe.evaluate(
          "Title",
          knoten[i],
          null,
          XPathResult.FIRST_ORDERED_NODE_TYPE,
          null);
        titeltext =
          iter.singleNodeValue.firstChild.nodeValue;
        iter = xpe.evaluate(
          "Summary",
          knoten[i],
          null,
          XPathResult.FIRST_ORDERED_NODE_TYPE,
          null);
        beschreibungtext =
          iter.singleNodeValue.firstChild.nodeValue;
        iter = xpe.evaluate(
          "Url",
          knoten[i],
          null,
          XPathResult.FIRST_ORDERED_NODE_TYPE,
          null);
        urltext =
          iter.singleNodeValue.firstChild.nodeValue;
      } else {
        titeltext =
          knoten[i].selectSingleNode("Title").text;
        beschreibungtext =
          knoten[i].selectSingleNode("Summary").text;
        urltext = knoten[i].selectSingleNode("Url").text;
      }

      var zeile = document.createElement("tr");
```

Listing 2.5: Die XML-Daten werden per JavaScript in die Tabelle eingefügt (*XML.html*) (Forts.)

```
      var titel = document.createElement("td");
      var beschreibung = document.createElement("td");
      var url = document.createElement("td");
      titel.appendChild(
        document.createTextNode(titeltext));
      beschreibung.appendChild(
        document.createTextNode(beschreibungtext));
      url.appendChild(
        document.createTextNode(urltext));
      zeile.appendChild(titel);
      zeile.appendChild(beschreibung);
      zeile.appendChild(url);
      tbody.appendChild(zeile);
    }
    treffer.appendChild(tbody);
  }
}

window.onload = function() {
  XMLHTTP.open("GET", "daten.xml");
  XMLHTTP.onreadystatechange = DatenAusgeben;
  XMLHTTP.send(null);
}
// ]]>
</script>
<body>
  <table id="Treffer">
    <thead>
      <tr><th>Titel</th><th>Beschreibung</th><th>URL
</th></tr>
    </thead>
  </table>
</body>
```

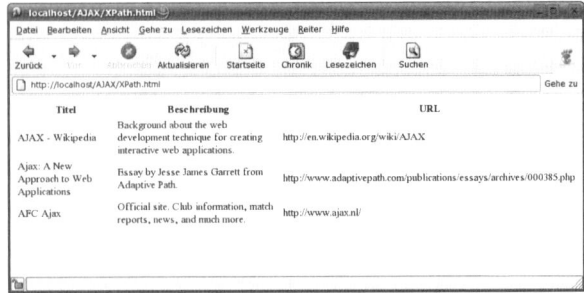

Abb. 2.6: Die per XPath ermittelten Daten in der HTML-Tabelle

2.4 XSLT

Mit XSLT sind Transformationen von XML in ein (fast) beliebiges
anderes Ausgabeformat möglich. Zwar unterstützen viele Browser XSLT von Haus aus, aber da die XML-Daten bei AJAX-Anwendungen dynamisch vom Server kommen (und sich möglicherweise eh nur ein Teil der Seite ändern soll), scheidet dieser
Weg aus. Immerhin: Die populären Browser unterstützen beide
XSLT, allerdings – wie zuvor bei XPath – völlig unterschiedlich.

Doch zunächst eine XSL-Datei, mit der die Transformation
durchgeführt werden soll. Diese wandelt die XML-Daten in die
bereits zur Genüge bekannte Tabelle um. Als besonderes Extra
wird dabei der URL-Eintrag in einen tatsächlichen Hyperlink
umgewandelt:

Listing 2.7: Die Transformationsdatei für die XML-Daten (*daten.xsl*)

```xml
<?xml version="1.0" encoding="UTF-8" ?>
<xsl:stylesheet version="1.0" xmlns:xsl="http://
www.w3.org/1999/XSL/Transform">
  <xsl:output method="html" />
  <xsl:template match="/">
<p><xsl:value-of select="//@totalResultsReturned" />
  von <xsl:value-of select="//@totalResultsAvailable" />
  Treffern:</p>
  <table>
    <thead>
      <tr><th>Titel</th><th>Beschreibung</th><th>URL
</th></tr>
    </thead>
    <tbody>
    <xsl:for-each select="ResultSet/Result">
      <tr>
        <td><xsl:value-of select="Title" /></td>
        <td><xsl:value-of select="Summary" /></td>
        <td><a><xsl:attribute name="href">
          <xsl:value-of select="Url" />
        </xsl:attribute>Link</a></td>
      </tr>
    </xsl:for-each>
    </tbody>
  </table>
  </xsl:template>
</xsl:stylesheet>
```

Doch nun zur Transformation selbst. Beginnen möchten wir dieses Mal mit den Mozilla Browsern und Opera 9. Dort müssen Sie zunächst die XSL-Datei in ein XML-Dokument-Objekt laden. Und das geht so:

```
var xslt = document.implementation.createDocument("", "",
null);
xslt.async = false;
xslt.load("daten.xsl");
```

Hinweis

Vergessen Sie nicht, die Eigenschaft async auf false zu setzen. Denn sonst würde die XSL-Datei asynchron geladen werden und das Skript in der vorliegenden Form nicht funktionieren.

Im nächsten Schritt müssen Sie die Klasse XSLTProcessor instanziieren, die sich um die Verarbeitung der XSL-Daten kümmert.
Importieren Sie mit importStylesheet() die XSL-Datei und rufen
Sie dann die Methode transformToFragment() auf. Als Parameter
übergeben Sie das zu transformierende XML und das Dokument,
in das später das Ergebnis eingehängt werden soll:

```
var process = new XSLTProcessor();
process.importStylesheet(xslt);
var ergebnis = process.transformToFragment(
  xml, document);
```

Abschließend müssen Sie das Ergebnis, ein XML-Fragment, nur
noch in Ihre Seite einhängen:

```
document.body.appendChild(ergebnis);
```

Profitipp

Alternativ zur Methode transformToFragment() steht Ihnen auch
noch die Methode transformToDocument() zur Verfügung. Damit
erhalten Sie allerdings ein komplettes DOM-Dokument, das Sie
nicht mehr an ein anderes Dokument anhängen können.

Beim Internet Explorer sieht das etwas anders aus. Das beginnt
schon damit, dass Sie ActiveX einsetzen müssen und das Ganze
auch ein wenig davon abhängig ist, welche Versionen der XML-
Bibliothek auf dem System des Clients installiert sind. Im folgenden Listing verwenden wir eine möglichst allgemeine Versions-
angabe, die auch von älteren Systemen noch unterstützt wird.
Eines ist aber von vornherein klar: Da ActiveX zum Einsatz
kommt, scheidet die Mac-Version des Internet Explorer aus.

Zunächst müssen Sie wieder die XSL-Datei laden. Das sieht recht
ähnlich aus wie bei Mozilla-Browsern, der Unterschied steckt jedoch im Detail – das ActiveX-Objekt.

```
var xslt = new
ActiveXObject("MSXML2.FreeThreadedDOMDocument");
xslt.async = false;
xslt.load("daten.xsl");
```

Dann benötigen Sie ein so genanntes XSLT-Template. Diesem
weisen Sie die soeben geladene XSL-Datei zu (Eigenschaft style-
sheet), um dann mit createProcessor() ein XSLTProcessor-Objekt
zu erstellen:

```
var template = new ActiveXObject("MSXML2.XSLTemplate");
template.stylesheet = xslt;
var process = template.createProcessor();
```

Dieser „Prozessor" muss nun noch entsprechend eingestellt werden. Als Eingabe (input) dient das von XMLHttpRequest zurückge-
lieferte XML-Objekt; die Methode transform() führt die XSL-
Transformation durch:

```
process.input = xml;
process.transform();
```

Das Ergebnis muss abschließend noch im Client angezeigt werden. Über process.output erhalten Sie das Transformationsresultat als String und können das beispielsweise einem neuen, dynamisch generierten <div>-Element zuweisen. Diesen <div>-Container fügen Sie dann der Seite hinzu und fertig ist das Beispiel.

```
var d = document.createElement("div");
d.innerHTML = process.output;
document.body.appendChild(d);
```

Hier noch einmal der komplette Code im Zusammenhang, mit einer Fallunterscheidung zwischen den beiden Fronten Internet Explorer und Rest der Welt:

Listing 2.8: Die XML-Daten werden per JavaScript in die Tabelle eingefügt (*XSLT.html*)

```
<script language="JavaScript"
  type="text/javascript">
// <![CDATA[

// ...

function DatenAusgeben() {
  if (XMLHTTP.readyState == 4) {
    var xml = XMLHTTP.responseXML;

    if (window.XSLTProcessor) {
      var xslt =
        document.implementation.createDocument("", "", null);
      xslt.async = false;
      xslt.load("daten.xsl");
      var process = new XSLTProcessor();
      process.importStylesheet(xslt);
```

Listing 2.8: Die XML-Daten werden per JavaScript in die Tabelle eingefügt (*XSLT.html*) (Forts.)

```
      var ergebnis = process.transformToFragment(
        xml, document);
      document.body.appendChild(ergebnis);
    } else {
      var xslt =
        new ActiveXObject("MSXML2.FreeThreadedDOMDocument");
      xslt.async = false;
      xslt.load("daten.xsl");
      var template = new ActiveXObject("MSXML2.XSLTemplate");
      template.stylesheet = xslt;
      var process = template.createProcessor();
      process.input = xml;
      process.transform();
      var d = document.createElement("div");
      d.innerHTML = process.output;
      document.body.appendChild(d);
    }
  }
}

window.onload = function() {
  XMLHTTP.open("GET", "daten.xml");
  XMLHTTP.onreadystatechange = DatenAusgeben;
  XMLHTTP.send(null);
}
// ]]>
</script>
</head>
<body>
</body>
</html>
```

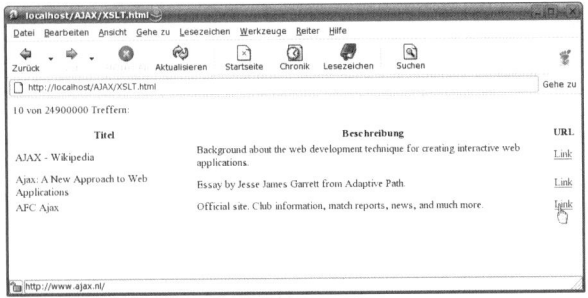

Abb. 2.9: Das Ergebnis der Transformation (die URLs können angeklickt werden)

Profitipp

Wenn Sie sich im Bereich XML auf den aktuellen Stand bringen möchten, ist eventuell der Titel „XML – die Standards" etwas für Sie, ebenfalls in dieser Buchreihe erschienen.

JavaScript bietet also mehrere Möglichkeiten an, XML-Daten zu verarbeiten. Der Weg über DOM funktioniert am konsistentesten zwischen den Browsern, doch XPath und XSL bieten unter Umständen mehr Möglichkeiten. Sie müssen also zwischen Aufwand und gewünschtem Ergebnis genau abwägen.

JSON

Im vorherigen Kapitel haben Sie gesehen, wie Sie mit XML immerhin schon komplexere Datentypen an JavaScript übergeben und dort weiterverarbeiten können. Dieses Kapitel stellt eine weitere Möglichkeit vor: JSON. Das wird wie der englische Namen „Jason" ausgesprochen und steht für ein oft unterschätztes Feature von JavaScript, Objekte mit einer platzsparenden Notation anzugeben.

Das Kürzel JSON steht für *JavaScript Object Notation*. Sein Einsatz beschränkt sich aber nicht nur auf JavaScript, sondern wird mittlerweile – teilweise mit speziellen Parsern – auch auf anderen Plattformen und von anderen Sprachen unterstützt.

Die Grundidee von JSON ist sehr einfach: Per platzsparender Notation werden Objekte als String an die JavaScript-Anwendung übergeben; dort sorgt dann ein Aufruf von eval() dafür, dass aus der Notation das tatsächliche Objekt wird:

```
var json = "..."; // der JSON-String
var objekt = eval("(" + json + ")");
```

JSON ist also ein spezielles Format zur Serialisierung von Objekten. Es ist relativ einfach serverseitig zu erzeugen und, wie bereits angedeutet, sehr einfach clientseitig zu verarbeiten. Viele AJAX-Anwendungen und -Frameworks setzen intern auf JSON, da es etwas einfacher zu handhaben ist als das im vorherigen Kapitel gezeigte XML.

Profitipp

Für PHP-Entwickler vielleicht interessant: Das PHP-Team hat in Version 5.2 eine eigene PHP-Variable $_JSON und einige Funktionen eingeführt, um JSON-Daten zu verarbeiten.

3.1 Die JSON-Syntax

Die Syntax von JSON basiert auf einigen simplen Bestandteilen, die Teil des JavaScript-Kerns sind:

- Ein Objekt wird durch geschweifte Klammern {} dargestellt.
- Objekteigenschaften haben den Aufbau Name: Wert; mehrere Eigenschaften sind durch Kommata voneinander getrennt.
- Arrays werden durch eckige Klammern [] dargestellt.

Hier ein JSON-String, der diese Elemente verwendet:

Listing 3.1: Ein Objekt in JSON-Notation (*JSON.txt*)

```
{
"ResultSet":
  {
  "totalResultsAvailable": "24900000",
  "totalResultsReturned": 10,
  "Result":
    [
      {
      "Title": "AJAX - Wikipedia",
```

Listing 3.1: Ein Objekt in JSON-Notation (*JSON.txt*) (Forts.)

```
    "Url":"http:\/\/en.wikipedia.org\/wiki\/AJAX"
    },
    {
    "Title":"Ajax: A New Approach to Web Applications",
    "Url":"http:\/\/www.adaptivepath.com\/publications\/
      essays\/archives\/000385.php"
    }
  ]
  }
}
```

Sie kennen den groben Aufbau bereits aus dem letzten Kapitel:
Das ist der Rückgabewert des Yahoo!-Webservice. Gehen wir
diese Struktur einmal schrittweise durch:

- Die äußeren Klammern deuten an, dass hier ein Objekt vorliegt.
- Das Objekt hat drei Eigenschaften: totalResultsAvailable, to-
  talResultsReturned, und ResultSet.
- ResultSet wiederum hat als Wert selbst ein Objekt. Dieses ist
  ein Array (zu erkennen an den eckigen Klammern) namens
  Result.
- Jedes Element im Array Result ist wiederum ein Objekt mit
  den Eigenschaften Title und Url.

Ist der JSON-Code ordentlich eingerückt, ist die Struktur sehr
einfach zu erkennen. Und wie bereits eingangs erwähnt: Ein
simpler Aufruf der JavaScript-Funktion eval() wandelt den
String in das entsprechende Objekt um. Das bedeutet, dass man
beispielsweise über <objekt>.ResultSet.Result[0].Url auf den
URL des ersten Eintrags im JSON-Objekt zugreifen kann.

Diese Informationen können mit JavaScript nicht nur aufgerufen,
sondern auch direkt wieder ausgegeben werden. Dazu sind eini-

ge Vorarbeiten notwendig: Die JSON-Zeichenkette wird platz-
sparend etwas zusammengepackt und vor allem die Zeilen-
sprünge werden entfernt. Dann wandelt eval() den String in ein
Objekt um. JavaScript-Code durchläuft das Objekt, greift auf die
einzelnen Einträge zu und gibt diese als HTML-Aufzählungsliste
aus. Dazu werden pro Suchergebnis drei HTML-Elemente per
document.createElement() bzw. document.createTextNode() erzeugt:

- Ein Listeneintrag (<li>)
- Ein Link (<a>) mit Ziel (href-Attribut)
- Ein Textknoten, der als Beschriftung des Links verwendet
  wird

Am Ende hängt der JavaScript-Code den Textknoten an den
Link, den Link an den Listeneintrag und den Listeneintrag an
eine HTML-Liste, die sich auf der aktuellen Seite befindet. Hier
der komplette Code:

Listing 3.2: Die Daten im JSON-String werden als HTML-Liste ausgegeben (*JSON.html*)

```
<script language="JavaScript"
  type="text/javascript">
// <![CDATA[
window.onload = function() {
  var json =
'{"ResultSet":{"totalResultsAvailable":"24900000","totalRe
sultsReturned":10,"Result":[{"Title":"AJAX -
Wikipedia","Url":"http:\/\/en.wikipedia.org\/wiki\/
AJAX"},{"Title":"Ajax: A New Approach to Web
Applications","Url":"http:\/\/www.adaptivepath.com\/
publications\/essays\/archives\/000385.php"}]}}';
  var obj = eval("(" + json + ")");
```

Listing 3.2: Die Daten im JSON-String werden als HTML-Liste ausgegeben (*JSON.html*) (Forts.)

```
<script language="JavaScript"
  type="text/javascript">
// <![CDATA[
window.onload = function() {
  var json =
'{"ResultSet":{"totalResultsAvailable":"24900000","totalRe
sultsReturned":10,"Result":[{"Title":"AJAX -
Wikipedia","Url":"http:\/\/en.wikipedia.org\/wiki\/
AJAX"},{"Title":"Ajax: A New Approach to Web
Applications","Url":"http:\/\/www.adaptivepath.com\/
publications\/essays\/archives\/000385.php"}]}}';
  var obj = eval("(" + json + ")");

  var liste = document.getElementById("Daten");
  for (var i=0; i < obj.ResultSet.Result.length; i++) {
    var ergebnis = obj.ResultSet.Result[i];
    var treffer = document.createElement("li");
    var link = document.createElement("a");
    link.setAttribute("href", ergebnis.Url);
    var text = document.createTextNode(
      ergebnis.Title);
    link.appendChild(text);
    treffer.appendChild(link);
    liste.appendChild(treffer);
  }
}
</script>
<p><ul id="Daten"></ul></p>
```

Abb. 3.3: Die Daten aus der JSON-Struktur erscheinen in der Liste

JSON hat eine eigene Website: http://json.org/. Dort finden Sie
weitere Informationen sowie auch Parser für die diversen Sprachen. Sogar für JavaScript selbst gibt es einen Parser. Prinzipiell
birgt der Einsatz von JSON ein Sicherheitsrisiko in sich: Sie müssen der Quelle der JSON-Daten vertrauen, denn Sie werten den
Code ja direkt in Ihrer Webseite aus. Der JavaScript-Parser unter
http://www.json.org/json.js erledigt das für Sie und wandelt
nicht nur einen JSON-String in ein JavaScript-Objekt um, sondern kann auch den umgekehrten Weg gehen:

```
var objekt = JSON.parse(jsonstring);

var jsonstring = JSON.stringify(objekt);
```

3.2 Beispielanwendung Yahoo! JSON

Im Dezember 2005 erregte Yahoo! etwas Aufsehen mit der An-
kündigung, dass das Webportal seine Webservices mit einer
JSON-Schnittstelle versehen würde. Anders formuliert: Per spe-
ziellem JavaScript-Aufruf würde der Webservice nicht wie sonst

SOAP oder XML zurückliefern, sondern JSON, das dann client-seitig mit JavaScript interpretiert werden kann.

Um das Beispiel nachzuvollziehen, müssen Sie sich zunächst bei den Yahoo! Webservices (kostenfrei) registrieren. Das geschieht unter *http://developer.yahoo.com/*, genauer gesagt unter *http://api.search.yahoo.com/webservices/register_application*. Dazu müssen Sie sich per Yahoo!-Account einloggen und Ihre Webanwendung registrieren. Sie erhalten dann eine (frei wählbare) Anwendungs-ID, die Sie auch im Beispiel einsetzen müssen. Als Platzhalter wählen wir im Folgenden ***AnwendungsID***, den Sie natürlich durch den eigentlichen Wert ersetzen müssen.

Nach vollbrachter Registrierung besteht die eigentliche Kunst nur noch darin, per <script>-Element den Webservice aufzurufen und JSON-Code zurückzuerhalten. Am Beispiel des Such-Webservice von Yahoo! sieht das dann beispielsweise so aus:

```
<script language="JavaScript"
  type="text/javascript"
  src="http://api.search.yahoo.com/WebSearchService/V1/
webSearch?appid=***Anwendungs-
ID&query=***Suchbegriff***&output=json">
</script>
```

Das wichtigste Element ist – neben Anwendungs-ID und Such-begriff – der GET-Parameter output=json. Dieser gibt das Ergebnis der Suchanfrage als JSON-String zurück.

Noch bequemer ist es, den Callback-Mechanismus des Web-service zu verwenden. Wird zusätzlich noch der GET-Parameter callback=Funktion ausgegeben, ruft der von Yahoo! generierte JavaScript-Code die angegebene Funktion auf und übergibt das JSON-Objekt als Parameter. Wohlgemerkt: ein Objekt, kein String. Den Aufruf von eval() können Sie sich also sparen.

Im folgenden Beispiel soll das einmal demonstriert werden. Die Suchergebnisse des Webservice von Yahoo! werden als Aufzählungsliste (HTML-Element <ul>) ausgegeben. Es kommt wiederum das JavaScript-DOM zum Einsatz, um die Daten dynamisch der Liste hinzuzufügen.

Um das Beispiel zu erstellen, ist der Aufbau der Rückgabe des Yahoo!-Webservice noch wichtig. Dieser ähnelt dem vorherigen JSON-String, nur etwas erweitert. Die wichtigsten Grundpfeiler bleiben aber gleich: Die Haupteigenschaft des JSON-Objekts heißt ResultSet. Das umfasst einige interessante Eigenschaften (etwa, wie viele Suchergebnisse überhaupt gefunden werden konnten, auch wenn standardmäßig nur maximal zehn Treffer zurückgeliefert werden) sowie eben bis zu zehn Untereigenschaften namens Result. Jede Result-Eigenschaft steht für einen Treffer und hat wiederum Unterelemente, so etwa Title für den Titel der gefundenen Seite und URL für deren Adresse.

Ohne weitere Vorrede hier der komplette Code für dieses Beispiel: Die Ergebnisliste vom Yahoo!-Webservice wird durchlaufen und für jeden Treffer wird ein neuer Listeneintrag erzeugt. Der Text jedes Eintrags ist ein HTML-Link, der auf den Treffer verweist und als Beschriftung den Titel der Zielseite trägt:

Listing 3.4: Die Ergebnisse des Webservice werden in der Liste ausgegeben (*yahoo.html*)

```
<html>
<head>
<title>AJAX</title>
<script language="JavaScript"
  type="text/javascript">
// <![CDATA[
function DatenAusgeben(obj) {
  var liste = document.getElementById("Daten");
```

Listing 3.4: Die Ergebnisse des Webservice werden in der Liste ausgegeben (*yahoo.html*) (Forts.)

```
  for (var i=0; i < obj.ResultSet.Result.length; i++) {
    var ergebnis = obj.ResultSet.Result[i];
    var treffer = document.createElement("li");
    var link = document.createElement("a");
    link.setAttribute("href", ergebnis.Url);
    var text = document.createTextNode(
      ergebnis.Title);
    link.appendChild(text);
    treffer.appendChild(link);
    liste.appendChild(treffer);
  }
}

// ]]>
</script>
</head>
<body>
  <p><ul id="Daten"></ul></p>
</body>
<script language="JavaScript"
  type="text/javascript"
  src="http://api.search.yahoo.com/WebSearchService/V1/
    webSearch?appid=***Anwendungs-ID***
    &query=AJAX&output=json&callback=DatenAusgeben">
</script>
</html>
```

Profitipp

Beachten Sie den etwas ungewöhnlichen Aufbau des Codes.
Der Webservice wird als letztes aufgerufen. Vor allem wenn
Caching mit im Spiel ist, liegt das Ergebnis des Webservice
schneller vor, als dass die Seite komplett vom Browser inter-

pretiert worden ist. Konsequenz: Der JavaScript-Interpreter kann die Liste zur Ausgabe der Suchtreffer nicht finden.

Abb. 3.5: Die besten Treffer für eine Suche nach „AJAX"

KAPITEL 4

AJAX Tipps & Tricks

Obwohl mit AJAX unbestritten beeindruckende und nützliche Effekte möglich sind, gibt es dennoch äußerst berechtigte Kritik. Zum einen wäre da die Barrierefreiheit: Wenn ein Browser kein JavaScript unterstützt oder es deaktiviert ist (je nach Untersuchung ist das bei bis zu 10% der Nutzer der Fall), sind all die schönen AJAX-Effekte nicht mehr sichtbar.

Außerdem wird ein Grundpfeiler des Webs durch AJAX außer Kraft gesetzt: Eine Seite ist nicht mehr eine Seite. Das macht sich vor allem in zwei Dingen bemerkbar:

- Das Setzen von Bookmarks (Lesezeichen, Favoriten). Wird der Inhalt einer Seite dynamisch geändert, ändert sich dadurch nicht der URL. Damit kann kein Bookmark gesetzt werden.
- Die Verwendung der Zurück-Schaltfläche. Wenn Sie im Webbrowser auf die Zurück-Schaltfläche klicken, wird zum letzten Eintrag in der Browser-History (Verlaufsliste, Chronik) gesprungen. Doch ohne neuen URL gibt es auch keine Möglichkeit zurückzuspringen.

Die Flash-Welt kämpft schon lange Zeit mit denselben Problemen. Mittlerweile gibt es aber Lösungen, die sich teilweise auch auf AJAX-Anwendungen übertragen lassen.

Die gute Nachricht: Die beiden angesprochenen Probleme lassen sich lösen. Die schlechte Nachricht: Das erfordert erhöhten Code-Aufwand (oder Sie binden sich an ein Framework, das sowohl Bookmarks unterstützt als auch die Zurück-Schaltfläche aktiv hält).

Basis für alle Beispiele in diesem Kapitel ist eine Mini-Anwendung, die HTML-mäßig aus zwei Schaltflächen und einem Absatz besteht:

```
<p>Mein Lieblingslink: <span id="Link"></span></p>
<input type="button" value="Link 1" onclick="ladeLink1();"
/>
<input type="button" value="Link 2" onclick="ladeLink2();"
/>
```

In den beiden JavaScript-Funktionen ladeLink1() und lade-Link2() kommt wieder das XMLHttpRequest-Objekt zum Einsatz. Es ruft die Datei *link1.txt* bzw. *link2.txt* vom Server ab – in einer Praxisanwendung würde wohl ein serverseitiges Skript angestoßen werden. Hier exemplarisch der Code für die Funktion ladeLink1():

```
function ladeLink1() {
  if (XMLHTTP.readyState < 4) {
    XMLHTTP.abort();
  }
  XMLHTTP.open("GET", "link1.txt");
  XMLHTTP.onreadystatechange = DatenAusgeben;
  XMLHTTP.send(null);
}
```

Die beiden Textdateien enthalten JSON-Daten, bestehend aus einem Objekt mit zwei Eigenschaften: einer Linkadresse und einer zugehörigen Beschreibung.

Listing 4.1: Die erste JSON-Datei (*link1.txt*)

```
{"url":"http://www.entwicklerpress.de/
","text":"entwickler.press"}
```

Listing 4.2: Die zweite JSON-Datei (*link2.txt*)

```
{"url":"http://www.hauser-wenz.de/","text":"Hauser &amp;
Wenz"}
```

In der Methode DatenAusgeben() geht es darum, die Daten aus der geladenen Link-Datei in Form eines HTML-Links im `<span>`-Element auf der Seite auszugeben. Das geschieht mit folgendem Code:

```
function DatenAusgeben() {
  if (XMLHTTP.readyState == 4) {
    var l = document.getElementById("Link");
    var json = eval("(" + XMLHTTP.responseText + ")");
    l.innerHTML =
      "<a href=\"" +
      json.url +
      "\">" +
      json.text +
      "</a>";
  }
}
```

Diese Anwendung ist natürlich äußerst simpel, stellt aber ein typisches Beispiel für eine AJAX-Applikation dar, die mehrere Zustände hat. Auf einen Mausklick ändert sich etwas, der URL bleibt also identisch. Ziel dieses Kapitels soll es sein, diese Anwendung um die Bookmark-Fähigkeit zu erweitern und außerdem die Zurück-Schaltfläche zu reaktivieren.

Hinweis

Das hier gezeigte Anwendungsfeld ist in ständiger Bewegung. Gut möglich, dass es in naher Zukunft neue Ansätze gibt, die genannten Probleme zu beheben, oder dass neue Browser-Versionen neue Möglichkeiten bieten.

4.1 Bookmarks ermöglichen

Als die ersten AJAX-Anwendungen entstanden sind, gab es relativ schnell einen „Hack", um Bookmarks zu ermöglichen: Auf jeder Seite gab es einen Link, den man (per Eintrag LINK ALS BOOKMARK HINZUFÜGEN im Kontextmenü) in die Bookmark-Liste des Browsers einfügen konnte. Etwas mühsam, aber es funktionierte. Die Idee dazu stammt aus der Flash-Welt, die ein ähnliches Problem mit der Bookmark-Fähigkeit bestimmter Zustände ihrer Filme hatte. Den vermutlich ersten Ansatz gab es unter http://www.robertpenner.com/experiments/backbutton/backbutton.html. Er fand auch viele Nachahmer, doch nach einiger Zeit entwickelte man bessere Lösungen. Eine sehr populäre besteht in der Verwendung des Querystrings des URL (?abc123) oder der Textmarke im URL (#abc123).

Da es bei AJAX-Anwendungen vor allem darum geht, dass die Seite nicht neu geladen wird, scheidet der Weg über den Querystring aus. Auch wenn bei einer statischen HTML-Seite die URLs seite.html?123 und seite.html?456 dasselbe Ergebnis produzieren, sind es dennoch unterschiedliche Ressourcen. Bei der Verwendung einer serverseitigen Sprache hat der Querystring natürlich meist eine semantische Bedeutung.

Bleibt also die Textmarke (auch Hash-Wert genannt), denn damit wird „nur" auf Sprungziele innerhalb der Seite verwiesen. Moderne Browser fordern dazu das Dokument nicht neu an, sondern springen einfach zu der Marke, falls existent.

Mit JavaScript lässt sich diese Sprungmarke im URL bequem auslesen. Entweder wird location.href untersucht und nach dem Doppelkreuz (#) durchforstet oder, etwas einfacher, es wird auf location.hash zugegriffen. Das enthält, sofern vorhanden, den Hash inklusive vorangestelltem Doppelkreuz.

Was liegt also näher, als in der Funktion DatenAusgeben(), direkt nach der Anzeige eines Links, die vom Server erhaltenen Daten in den URL einzufügen, damit der Benutzer die Seite bookmarken kann?

```
location.hash = "#" + escape(XMLHTTP.responseText);
```

Wenn der Bookmark abgerufen wird, muss das Skript natürlich feststellen, welche Daten sich im URL befinden und dementsprechende Informationen auf der Seite anzeigen:

```
window.onload = function() {
  if (location.hash.length > 1) {
    var l = document.getElementById("Link");
    var json = eval("(" +
      unescape(location.hash.substring(1)) + ")");
    l.innerHTML =
      "<a href=\"" +
      json.url +
      "\">" +
      json.text +
      "</a>";
  }
}
```

Hier noch einmal der komplette Code für dieses Beispiel, wie immer gekürzt um die Instanziierung von XMLHttpRequest:

Listing 4.3: Die JSON-Daten als Textmarke (*Link.html*)

```javascript
<script language="JavaScript"
  type="text/javascript">
// <![CDATA[

// ...

function DatenAusgeben() {
  if (XMLHTTP.readyState == 4) {
    var l = document.getElementById("Link");
    var json = eval("(" + XMLHTTP.responseText + ")");
    l.innerHTML =
      "<a href=\"" +
      json.url +
      "\">" +
      json.text +
      "</a>";
  }
  location.hash = "#" + escape(XMLHTTP.responseText);
}

function ladeLink1() {
  if (XMLHTTP.readyState < 4) {
    XMLHTTP.abort();
  }
  XMLHTTP.open("GET", "link1.txt");
  XMLHTTP.onreadystatechange = DatenAusgeben;
  XMLHTTP.send(null);
}
```

Listing 4.3: Die JSON-Daten als Textmarke (*Link.html*) (Forts.)

```
function ladeLink2() {
  if (XMLHTTP.readyState < 4) {
    XMLHTTP.abort();
  }
  XMLHTTP.open("GET", "link2.txt");
  XMLHTTP.onreadystatechange = DatenAusgeben;
  XMLHTTP.send(null);
}

window.onload = function() {
  if (location.hash.length > 1) {
    var l = document.getElementById("Link");
    var json = eval("(" +
      unescape(location.hash.substring(1)) + ")");
    l.innerHTML =
      "<a href=\"" +
      json.url +
      "\">" +
      json.text +
      "</a>";
  }
}
// ]]>
</script>
<body>
  <p>Mein Lieblingslink: <span id="Link"></span></p>
  <input type="button" value="Link 1"
    onclick="ladeLink1();" />
  <input type="button" value="Link 2"
    onclick-"ladeLink2();" />
</body>
```

Abb. 4.4: Die JSON-Daten stehen direkt im URL

Hinweis

> Leider unterstützen der Safari-Browser und der Konqueror `location.hash` anders als der Rest der Webwelt; beispielsweise enthält `location.hash` dort unter Umständen nicht das Doppelkreuz. Mit einer entsprechenden Browser-Abfrage lassen sich die Beispiele in diesem Abschnitt kompatibel zu Safari/Konqueror machen, doch die Technologie im nachfolgenden Abschnitt (Stichwort Zurück-Schaltfläche) ist zurzeit leider so nicht in diesen beiden Browsern möglich.

Obwohl der hier gezeigte Weg funktioniert, ist es gefährlich. Denn Daten, die im URL stehen, werden per `eval()`-Anwendung direkt ausgeführt. Es ist also einem Angreifer möglich, schadhaften JavaScript-Code (etwa zum Cookie-Klau) in eine Seite einzufügen. Dann muss dieser schadhafte Link (inklusive Code) lediglich einem Opfer geschickt werden. Ein Klick auf den Link fährt dann den Code aus – diesen Angriff nennt man auch Cross-Site Scripting (XSS).

Es gibt zwei Hauptansätze, das zu verhindern: zum einen ein JSON-Parser, wie im vorherigen Kapitel genannt, der schadhaften Code erkennen kann. Oder Sie verwenden einen anderen Ansatz, wie im Folgenden ausgeführt.

Prinzipiell geht es in jeder bookmarkfähigen AJAX-Anwendung darum, dass die Daten, aus denen die Seite rekonstruiert werden kann, im Hash stehen. Im vorliegenden Beispiel reicht beispielsweise der Dateiname der entsprechenden Textdatei aus (bzw. der URL des datengenerierenden serverseitigen Skripts). Also besteht ein neuer Ansatz darin, einfach den Dateinamen an den URL anzuhängen.

Aus Gründen der Übersichtlichkeit wird dazu das Skript intern etwas umstrukturiert. Der zu ladende URL wird in einer globalen Variablen gespeichert, die neue Funktion ladeURL() erledigt den XMLHttpRequest-Aufruf:

```
var url = null;

function ladeLink1() {
  url = "link1.txt";
  ladeURL();
}
function ladeLink2() {
  url = "link2.txt";
  ladeURL();
}

function ladeURL() {
  if (XMLHTTP.readyState < 4) {
    XMLHTTP.abort();
  }
  XMLHTTP.open("GET", url);
  XMLHTTP.onreadystatechange = DatenAusgeben;
  XMLHTTP.send(null);
}
```

Der Rest sind nur einfache Anpassungen: Wird beim Laden der Seite ein Hash-Wert gefunden, lädt der JavaScript-Code den entsprechenden URL, anstatt direkt JSON zu interpretieren. Nachfolgend sehen Sie das komplette Listing mit allen zusätzlichen Code-Modifikationen in halbfett. Unter anderem wird jetzt der Hash nur noch verändert, wenn auch wirklich neue Daten vorliegen (um überflüssige Aufrufe zu verhindern – je nach Anwendungstyp ist das ein gewünschtes oder unerwünschtes Verhalten!).

Listing 4.5: Die Daten aus dem URL in der Textmarke (*Link.html*)

```
<script language="JavaScript"
  type="text/javascript">
// <![CDATA[

// ...

var url = null;

function DatenAusgeben() {
  if (XMLHTTP.readyState == 4) {
    var l = document.getElementById("Link");
    var json = eval("(" + XMLHTTP.responseText + ")");
    l.innerHTML =
      "<a href=\"" +
      json.url +
      "\">" +
      json.text +
      "</a>";
    if (location.hash != "#" + escape(url)) {
      location.hash = "#" + escape(url);
    }
  }
}
```

entwickler.press

Listing 4.5: Die Daten aus dem URL in der Textmarke
(*Link.html*) (Forts.)

```
function ladeLink1() {
  url = "link1.txt";
  ladeURL();
}

function ladeLink2() {
  url = "link2.txt";
  ladeURL();
}

function ladeURL() {
  if (XMLHTTP.readyState < 4) {
    XMLHTTP.abort();
  }
  XMLHTTP.open("GET", url);
  XMLHTTP.onreadystatechange = DatenAusgeben;
  XMLHTTP.send(null);
}

window.onload = function() {
  if (location.hash.length > 1) {
    url = location.hash.substring(1);
    ladeURL();
  }
}
// ]]>
</script>
<body>
  <p>Mein Lieblingslink: <span id="Link"></span></p>
  <input type="button" value="Link 1"
    onclick="ladeLink1();" />
```

Listing 4.5: Die Daten aus dem URL in der Textmarke
(*Link.html*) (Forts.)

```
  <input type="button" value="Link 2"
    onclick="ladeLink2();" />
</body>
```

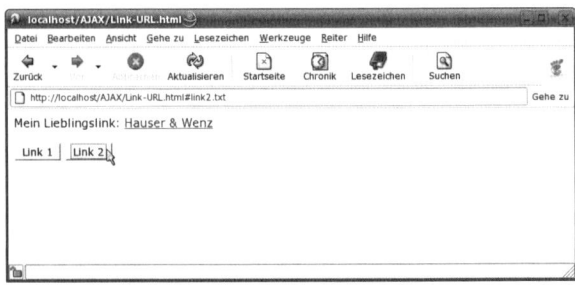

Abb. 4.6: Der Dateiname steht direkt im URL

Profitipp

Sie sollten aus Sicherheitsgründen zusätzlich noch den über-
gebenen Dateinamen auf Plausibilität prüfen, bevor sie die
HTTP-Anfrage starten.

4.2 Die Zurück-Schaltfläche

Wenn Sie das vorherige Beispiel testen, werden Sie zwei Dinge
feststellen:

- Im Internet Explorer funktioniert die Zurück-Schaltfläche im
  Browser überhaupt nicht; in der Verlaufsliste des IE tauchen
  die Einzelseiten mit den unterschiedlichen Hash-Werten gar
  nicht auf.

entwickler.press

- In Mozilla-Browsern tauchen die Einzelseiten (mit den Hash-Werten) im Verlauf auf. Allerdings ändert sich die Seite nicht.

Sie müssen also beide Probleme beseitigen. Fangen wir mit den Mozilla-Browsern an. Das Problem ist, dass zwar in der Tat dank der Verlaufsfunktion der Browser zu den einzelnen Unterseiten (mit #link1.txt oder #link2.txt am Ende) gesprungen werden kann, der Browser jedoch die Seiten cacht und somit den Code im load-Ereignis der Seite nicht erneut ausführt. Der Trick besteht darin, periodisch zu überprüfen, ob die Daten im URL mit den angezeigten Daten übereinstimmen. Im vorliegenden Beispiel muss die globale Variable url also den Wert enthalten, der in location.hash steht. Der folgende Aufruf prüft das viermal pro Sekunde. Wird eine Diskrepanz festgestellt, lädt der Code die gewünschten Daten neu:

```
window.setInterval(
  function() {
    if (location.hash.length > 1 &&
        location.hash != "#" + escape(url)) {
      url = unescape(location.hash.substring(1));
      ladeURL();
    }
  },
  250
);
```

Für den Internet Explorer muss man sich etwas Besonderes einfallen lassen. Um dort Einträge in die Verlaufsliste eintragen zu können, müssen auch tatsächlich entsprechende Seiten im Browser geladen werden. Damit dadurch das Erscheinungsbild der Seite nicht gestört wird, behilft man sich am besten mit einem unsichtbaren Iframe:

```
<iframe src="Link-Loader.html" name="loader"
style="display:none"></iframe>
```

Wenn jetzt neue Daten vom Server geladen und angezeigt werden, müssen Sie im Iframe einen neuen URL laden. Dieser landet dann auch in der Verlaufsliste des Internet Explorer, denn die Zurück-Schaltfläche wird in diesem Browser global für alle Fenster und Frames behandelt:

```
if (window.ActiveXObject) {
  window.frames["loader"].window.location.search =
    "?" + escape(url);
}
```

Der JavaScript-Code lädt also im Iframe die Datei *Link-Loader.html* und hängt im Querystring den Hash-Wert an. Es ist dabei sehr wichtig, den Querystring zu verwenden, denn nur dann wird jedes Mal eine neue HTTP-Anfrage abgesetzt, die dann auch in der Verlaufsliste des Internet Explorers auftaucht. Würden Sie auf Textmarken setzen, hätten Sie dasselbe Problem wie bei den vorherigen Versuchen: keinen Eintrag in der Browser-History.

Die Datei *Link-Loader.html* erfüllt eine weitere wichtige Funktion: Sie wird beim Navigieren mit der Zurück-Schaltfläche des Browsers aufgerufen und muss im Gegenzug dafür sorgen, dass auch die eigentliche Seite aktualisiert wird, damit die richtigen Daten ausgegeben werden:

Listing 4.7: Die Datei im unsichtbaren Iframe
(*Link-Loader.html*)

```
<script language="JavaScript"
  type="text/javascript">
// <![CDATA[
window.onload = function() {
```

Listing 4.7: Die Datei im unsichtbaren Iframe
(*Link-Loader.html*) (Forts.)

```
if (location.search.length > 1 &&
    top.url != unescape(location.search.substring(1))) {
  top.url = unescape(location.search.substring(1));
  top.ladeURL();
  }
}
// ]]>
</script>
```

Sie sehen also: Eine ganze Menge Code, aber der Aufwand lohnt
sich; die Zurück-Schaltfläche funktioniert jetzt wieder, Bookmarks können auch gesetzt werden. Hier noch einmal das komplette und zusammenhängende Listing:

Listing 4.8: Der Code für eine bookmarkfähige AJAX-Anwendung mit
funktionierender Zurück-Schaltfläche (*Link-Back.html*)

```
<script language="JavaScript"
  type="text/javascript">
// <![CDATA[

// ...

var url = null;

function DatenAusgeben() {
  if (XMLHTTP.readyState == 4) {
    var l = document.getElementById("Link");
    var json = eval("(" + XMLHTTP.responseText + ")");
    l.innerHTML =
      "<a href=\"" +
      json.url +
      "\">" +
```

Listing 4.8: Der Code für eine bookmarkfähige AJAX-Anwendung mit
funktionierender Zurück-Schaltfläche (*Link-Back.html*) (Forts.)

```javascript
<script language="JavaScript"
  type="text/javascript">
// <![CDATA[

// ...

var url = null;

function DatenAusgeben() {
  if (XMLHTTP.readyState == 4) {
    var l = document.getElementById("Link");
    var json = eval("(" + XMLHTTP.responseText + ")");
    l.innerHTML =
      "<a href=\"" +
      json.url +
      "\">" +
      json.text +
      "</a>";
    if (location.hash != "#" + escape(url)) {
      location.hash = "#" + escape(url);
      if (window.ActiveXObject) {
        window.frames["loader"].window.location.search =
          "?" + escape(url);
      }
    }
  }
}

function ladeLink1() {
  url = "link1.txt";
  ladeURL();
}
```

Listing 4.8: Der Code für eine bookmarkfähige AJAX-Anwendung mit funktionierender Zurück-Schaltfläche (*Link-Back.html*) (Forts.)

```
function ladeLink2() {
  url = "link2.txt";
  ladeURL();
}

function ladeURL() {
  if (XMLHTTP.readyState < 4) {
    XMLHTTP.abort();
  }
  XMLHTTP.open("GET", url);
  XMLHTTP.onreadystatechange = DatenAusgeben;
  XMLHTTP.send(null);
}

window.onload = function() {
  if (location.hash.length > 1) {
    url = unescape(location.hash.substring(1));
    ladeURL();
  }
}

window.setInterval(
  function() {
    if (location.hash.length > 1 &&
        location.hash != "#" + escape(url)) {
      url = unescape(location.hash.substring(1));
      ladeURL();
    }
  },
  250
);
// ]]>
</script>
```

Listing 4.8: Der Code für eine bookmarkfähige AJAX-Anwendung mit funktionierender Zurück-Schaltfläche (*Link-Back.html*) (Forts.)

```
<body>
  <p>Mein Lieblingslink: <span id="Link"></span></p>
  <input type="button" value="Link 1"
    onclick="ladeLink1();" />
  <input type="button" value="Link 2"
    onclick="ladeLink2();" />
  <iframe src="Link-Loader.html" name="loader"
style="display:none"></iframe>
</body>
```

Abb. 4.9: In Mozilla-Browsern erscheinen die Textmarken

entwickler.press

Abb. 4.10: Der Internet Explorer speichert die Aufrufe im Iframe

Je nachdem, wie Ihre Anwendung aufgebaut ist, brauchen Sie eine eigene Strategie, um in einer virtuellen Textmarke all die Daten unterzubringen, aus denen Sie die dynamischen Inhalte Ihrer Site reproduzieren. Die Informationen in diesem Kapitel stellen sozusagen das Pflichtprogramm dar, die Anforderungen Ihrer Anwendung bilden die Kür.

AJAX serverseitig

In diesem Buch lag der Fokus auf der AJAX-Technologie an sich und weniger auf den serverseitigen Prozessen im Hintergrund. Das liegt vor allem daran, dass man sich mit der Entscheidung für ein serverseitiges AJAX-Framework sofort auf eine bestimmte Technologie festlegt und andere Systeme oder Frameworks von vornherein außen vor lässt.

Auch dieses Kapitel wird keine ausufernde Beschreibung von serverseitigen AJAX-Frameworks bieten. Zu groß ist die Anzahl der verfügbaren Systeme und außerdem ändern sich diese in regelmäßigen Abständen. Neue Komponenten kommen auf den Markt, andere werden nicht mehr gepflegt und geraten ins Vergessen.

Stattdessen sollen an dieser Stelle exemplarisch zwei Systeme vorgestellt werden, die AJAX für serverseitige Technologien umsetzen.

Eigentlich benötigt man überhaupt kein serverseitiges Framework für AJAX. Wie bereits mehrfach angesprochen, besteht AJAX primär aus dem Absetzen von HTTP-Anforderungen an den Server und der Auswertung der HTTP-Rückgabewerte.

Die Stärke eines Frameworks liegt darin, dass zumindest einige der notwendigen JavaScript-Grundlagen vor dem Entwickler verborgen werden. So müssen Sie beispielsweise nicht mehr von Hand das `XMLHttpRequest`-Objekt erzeugen und ansteuern. Je nach Framework gibt es noch mehr oder weniger zusätzliche Funktionalitäten.

Exemplarisch für die gesamte Gattung sollen zwei Frameworks für die beiden zurzeit wohl beliebtesten serverseitigen Skriptsprachen PHP und ASP.NET vorgestellt werden. Für beide Technologien gibt es diverse AJAX-Frameworks und -Bibliotheken, so dass wir eine Auswahl treffen mussten und pro Webtechnologie ein AJAX-Modul kurz vorstellen. Das Framework, das bei PHP zum Einsatz kommt, unterstützt auch eine Vielzahl anderer Sprachen. Das ist einer der Gründe dafür, dass unsere Wahl darauf gefallen ist.

Genauere Implementierungsdetails entnehmen Sie der Dokumentation der jeweiligen Frameworks; es ist gut möglich, dass sich die Ansteuerung seit dem Zeitpunkt der Drucklegung geändert hat. Über die im Vorwort genannte Support-Adresse erhalten Sie dann angepasste Versionen der Listings.

5.1 Sajax

Das Sajax-Framework ermöglicht es, unter anderem mit PHP relativ bequem AJAX-Effekte zu verwenden. Das „unter anderem" bezieht sich darauf, dass Sajax mehrere Sprachen unterstützt und eine relativ niedrige Einstiegshürde aufweist. Die Beispiele in diesem Abschnitt verwenden zwar PHP, aber die Sajax-Distribution (verfügbar unter http://www.modernmethod.com/sajax/) enthält unter anderem noch Code für ASP, Cold Fusion, Perl, Python und Ruby. Die Ansteuerung ist dabei immer relativ einheitlich, so dass das folgende Beispiel leicht auf andere Sprachen angepasst werden kann.

Wenn Sie PHP verwenden, liegt die gesamte Funktionalität der Bibliothek in der relativ schlanken Datei *Sajax.php* (in Version 0.12 gut 360 Zeilen). Bei der Verwendung von Sajax müssen Sie die folgenden Schritte befolgen, um AJAX einzusetzen, ohne ein einziges Mal `XMLHttpRequest` tippen zu müssen:

1. Erstellen Sie eine serverseitige Funktion, die dann von der AJAX-Anwendung aufgerufen werden soll.

2. Exportieren Sie diese Funktion mittels Sajax, so dass JavaScript darauf zugreifen kann.

3. Sajax erzeugt eine spezielle JavaScript-Funktion, die dann wiederum die serverseitige Funktion ausführt. Rufen Sie diese auf.

4. Nachdem der serverseitige Aufruf erfolgreich verlaufen ist, ruft Sajax eine JavaScript-Callback-Funktion auf, in der Sie dann auf das Ergebnis zugreifen und es weiterverwenden können.

Zunächst zur serverseitigen Funktion. Diese liefert – wie bereits im vorherigen Kapitel – einen Link zurück, nur dieses Mal wird er zufällig ermittelt, um einen Vorteil gegenüber einer statischen Textdatei aufzuzeigen. Als Parameter erwartet die Funktion ein Thema für den Link. Alle Links sind in einem entsprechenden assoziativen Array abgelegt:

```
function zufallslink($thema) {
  $links = array(
    'blogs' => array(
      'http://www.planet-php.net/',
      'http://www.hauser-wenz.de/blog/'
    ),
```

```
    'technologien' => array(
    'http://www.php.net/',
    'http://www.perl.com/',
    'http://www.asp.net/',
    'http://www.rubyonrails.org/'
  )
);
if (array_key_exists($thema, $links)) {
  $zufall = rand(0, count($links[$thema]) - 1);
  return $links[$thema][$zufall];
} else {
  return '';
}
}
```

Schritt 2 meldet diese Funktion bei JavaScript an. Im PHP-Code müssen Sie zunächst die Funktion sajax_init() zur Initialisierung aufrufen und dann die Funktion zufallslink() (und alle anderen Funktionen, die für AJAX verfügbar sein sollen) mittels sajax_export() beim System registrieren. Abschließend weisen Sie mit sajax_handle_client_request() die Bibliothek an, sich um alle XMLHttpRequest-Anfragen zu kümmern.

```
sajax_init();
sajax_export('zufallslink');
sajax_handle_client_request();
```

Mit diesen Informationen kann nun Sajax den entsprechenden JavaScript-Code erzeugen, um eine Schnittstelle zu den serverseitigen Funktionen zur Verfügung zu stellen. Im JavaScript-Bereich müssen Sie daher folgenden PHP-Block (!) einbauen, der dann wiederum JavaScript-Code generiert:

entwickler.press

```
<?php
  sajax_show_javascript();
?>
```

Die von Sajax erzeugte clientseitige Funktion für die serverseitige PHP-Funktion zufallslink() heißt x_zufallslink(). Das Präfix x ist fest im System verwurzelt. Wenn Sie also x_zufallslink() aufrufen, erzeugt Sajax ein XMLHttpRequest-Objekt, das – wiederum in Zusammenarbeit mit der Sajax-Bibliothek – die serverseitige Funktion zufallslink() aufruft. Als Parameter übergeben Sie an x_zufallslink() alle Parameter für zufallslink() sowie zusätzlich noch einen Parameter, der auf eine Callback-Funktion verweist. Diese Callback-Funktion wird asynchron aufgerufen, wenn die Rückgabe vom Server da ist:

```
x_zufallslink("...", ladeLink_cb);
```

Die Callback-Funktion erhält als Parameter automatisch die Rückgabe vom Server, so dass Sie diesen weiterverarbeiten können.

Um das vollständige Beispiel zu demonstrieren, enthält die Seite eine HTML-Auswahlliste, um das Thema des Zufallslinks auszuwählen:

```
<select name="thema" size="2">
  <option value="blogs">Weblogs</option>
  <option value="technologien">Web-Technologien</option>
</select>
```

Eine Schaltfläche startet den kompletten Prozess. Die Ausgabe wird wie schon in Kapitel 4 per JavaScript-DOM-Funktionen erledigt. Hier das komplette Listing:

Listing 5.1: AJAX mit PHP und Sajax (*AJAX.php*)

```php
<?php
  require_once 'Sajax.php';

  function zufallslink($thema) {
    $links = array(
      'blogs' => array(
        'http://www.planet-php.net/',
        'http://www.hauser-wenz.de/blog/'
      ),
      'technologien' => array(
        'http://www.php.net/',
        'http://www.perl.com/',
        'http://www.asp.net/',
        'http://www.rubyonrails.org/'
      )
    );
    if (array_key_exists($thema, $links)) {
      $zufall = rand(0, count($links[$thema]) - 1);
      return $links[$thema][$zufall];
    } else {
      return '';
    }
  }

  sajax_init();
  sajax_export('zufallslink');
  sajax_handle_client_request();
?>
<script language="JavaScript"
  type="text/javascript">
// <![CDATA[
<?php
  sajax_show_javascript();
?>
```

Listing 5.1: AJAX mit PHP und Sajax (*AJAX.php*) (Forts.)

```php
function ladeLink(f) {
  var thema = f.elements["thema"]
    .options[f.elements["thema"]
    .selectedIndex].value;
  x_zufallslink(thema, ladeLink_cb);
}

function ladeLink_cb(ergebnis) {
  var l = document.getElementById("Link");
  l.innerHTML =
    "<a href=\"" +
    ergebnis +
    "\">" +
    ergebnis +
    "</a>";
}
// ]]>
</script>
<body>
  <p>Mein Lieblingslink: <span id="Link"></span></p>
  <form>
    <select name="thema" size="2">
      <option value="blogs">Weblogs</option>
      <option value="technologien">Web-Technologien</option>
    </select>
    <input type="button" value="Zufallslink anzeigen"
      onclick="ladeLink(this.form);" />
  </form>
</body>
```

Abb. 5.2: Der zufällige Link aus der gewählten Kategorie erscheint auf Mausklick

Die Sajax-Bibliothek bietet noch weitere Möglichkeiten, doch mit dem Aufruf einer serverseitigen Funktion ist der erste Schritt getan. Sie ersparen sich immerhin das Erzeugen des XMLHttp-Request-Objekts und haben eine etwas einfachere Schnittstelle zwischen Client und Server. Die Sajax-Homepage http://www.modernmethod.com/sajax/ enthält zahlreiche Beispiele sowie ein Diskussionsforum.

Profitipp

Weitere bekannte PHP-Bibliotheken für AJAX sind JPSpan (http://sourceforge.net/projects/jpspan) und das PEAR-Paket HTML_AJAX (http://pear.php.net/package/HTML_AJAX).

5.2 ASP.NET AJAX

Auch Microsoft will noch auf den AJAX-Zug aufspringen. Die neue Version 2.0 von ASP.NET enthält mit Client Callbacks eine Technologie, die bereits AJAX nutzt, wenn auch in einem etwas eingeschränkten Rahmen. Doch die nächste Version der Technologie soll Atlas beinhalten, ein vielversprechendes AJAX-Framework. Dabei ist Atlas nur ein Codename, denn das Framework wurde im September 2006 in ASP.NET AJAX umbenannt (aber viele verwenden noch den Begriff Atlas). Unter http://ajax.asp.net/ gibt es die finale Version von ASP.NET AJAX zum Download.

Um ASP.NET AJAX zu verwenden, benötigen Sie ASP.NET 2.0 und natürlich ASP.NET AJAX selbst. Besonders bequem geht die Entwicklung natürlich mit der Microsoft-IDE Visual Studio 2005 vonstatten, doch von der gibt es auch eine so genannte Express Edition für Webprojekte, die kostenfrei zum Download erhältlich ist: Der Microsoft Visual Web Developer 2005 Express Edition steht unter http://www.microsoft.com/germany/msdn/vstudio/express/vwd/ zur Verfügung. Die folgenden Beispiele setzen voraus, dass Sie im Editor eine ASP.NET-AJAX-Website eingerichtet oder die ASP.NET-AJAX-Konfiguration von Hand vorgenommen haben.

Es gibt mehrere Möglichkeiten, von ASP.NET AJAX aus serverseitige Funktionalitäten aufzurufen. Beispielsweise können Sie direkt serverseitige Methoden innerhalb der aktuellen ASP.NET-Seite einsetzen, doch am bequemsten ist es sicherlich, auf einen Webservice zu setzen. Der folgende Webservice (Klassenname Zufallslink) implementiert eine Webmethode zufallslink() (also zur Unterscheidung in Kleinbuchstaben!), die – ähnlich wie im vorangegangenen Beispiel – einen zufälligen Link zu einem Thema ermittelt:

Listing 5.3: Der ASP.NET-Webservice (*Zufallslink.asmx*)

```
<%@ WebService Language="C#" Class="Zufallslink" %>

using System;
using System.Web;
using System.Web.Services;
using System.Web.Services.Protocols;
using System.Collections;
```

Listing 5.3: Der ASP.NET-Webservice (*Zufallslink.asmx*) (Forts.)

```
[WebService(Namespace = "http://hauser-wenz.de/AJAX/")]
[WebServiceBinding(ConformsTo =
WsiProfiles.BasicProfile1_1)]
[System.Web.Script.Services.ScriptService]
public class Zufallslink : System.Web.Services.WebService
{

  [WebMethod]
  public string zufallslink(string thema)
  {
    string[] blogs = { "http://weblogs.asp.net/",
      "http://www.hauser-wenz.de/blog/" };
    string[] technologien = { "http://www.php.net/",
      "http://www.perl.com/", "http://www.asp.net/",
      "http://www.rubyonrails.org/" };
    Hashtable ht = new Hashtable();
    ht.Add("blogs", blogs);
    ht.Add("technologien", technologien);
    if (ht.ContainsKey(thema))
    {
      string[] links = (string[])ht[thema];
      int anzahl = links.Length;
      int zufall = (new Random()).Next(0, anzahl);
      return links[zufall];
    }
    else
    {
      return "";
    }
  }

}
```

Per ASP.NET AJAX können Sie diesen Webservice aufrufen. Der HTML-Aufbau ist identisch zum vorherigen Sajax-Beispiel. Zunächst müssen Sie den Webservice erst einmal laden. Das geschieht, indem Sie den ASP.NET-AJAX-ScriptManager in die Seite einbinden (ruhig im <body>-Bereich) und dort einen Verweis auf den Webservice hinzufügen:

```
<asp:ScriptManager ID="ScriptManager1" runat="server">
  <Services>
    <asp:ServiceReference Path="Zufallslink.asmx" />
  </Services>
</asp:ScriptManager>
```

Auf alle Webmethoden im Webservice können Sie dann mittels <Klasse>.<Methode> zugreifen; im vorliegenden Fall also via Zufallslink.zufallslink(). Als Parameter übergeben Sie wieder einmal die eigentlichen Methodenparameter und dann eine Handvoll Callback-Funktionen. Die erste ist dabei die wichtigste und definiert den Callback, wenn das Ergebnis vom Server vorliegt. Die weiteren Callback-Funktionen kümmern sich um Fehlerbehandlungen (etwa bei einem allgemeinen Fehler, wenn ein Timeout auftritt), sind aber in diesem Beispiel nicht unbedingt notwendig.

```
function ladeLink(f) {
  Zufallslink.zufallslink(
    "...",
    ladeLink_cb);
}
```

Die Callback-Funktion erhält dann das Ergebnis der Webmethode als Parameter, so dass Sie es dann weiterverarbeiten können. Hier der komplette Code für dieses Beispiel:

Listing 5.4: AJAX mit ASP.NET AJAX (*AJAX.aspx*)

```
<%@ Page Language="C#" %>

<!DOCTYPE html PUBLIC "-//W3C//DTD XHTML 1.0 Transitional
//EN" "http://www.w3.org/TR/xhtml1/DTD/xhtml1-
transitional.dtd">
<html xmlns="http://www.w3.org/1999/xhtml">
<head runat="server">
  <title>AJAX</title>
<script language="JavaScript"
  type="text/javascript">
// <![CDATA[
function ladeLink(f) {
  Zufallslink.zufallslink(
    f.elements["thema"].options[f.elements["thema"]
    .selectedIndex].value,
    ladeLink_cb);
}
function ladeLink_cb(ergebnis) {
  var l = document.getElementById("Link");
  l.innerHTML =
    "<a href=\"" +
    ergebnis +
    "\">" +
    ergebnis +
    "</a>";
}
// ]]>
</script>
</head>
<body>
  <form id="form1" runat="server">
```

Listing 5.4: AJAX mit ASP.NET AJAX (*AJAX.aspx*) (Forts.)

```
<asp:ScriptManager ID="ScriptManager1"
  runat="server">
  <Services>
    <asp:ServiceReference Path="Zufallslink.asmx" />
  </Services>
</asp:ScriptManager>
<div>
  <p>Mein Lieblingslink: <span id="Link"></span></p>
  <select name="thema" size="2">
    <option value="blogs">Weblogs</option>
    <option value="technologien">Web-Technologien
    </option>
  </select>
  <input type="button" value="Zufallslink anzeigen"
    onclick="ladeLink(this.form);" />
</div>
</form>
</body>
</html>
```

Abb. 5.5: Der zufällige Link aus der gewählten Kategorie erscheint auf Mausklick

Mehr Informationen zu ASP.NET AJAX gibt es auf der Projekt-Homepage http://ajax.asp.net/ sowie in den zugehörigen Diskussionsforen auf http://forum.asp.net/.

Hinweis

Unter http://ajaxpro.info/ finden Sie Ajax.NET Professional, eine weitere bekannte AJAX-Bibliothek für ASP.NET.

Kurzreferenz

Methoden des XMLHttpRequest-Objekts

Methode	Beschreibung
abort()	Bricht eine Anfrage ab.
getAllResponseHeaders()	Liefert alle HTTP-Header der HTTP-Antwort zurück.
getResponseHeader(Name)	Liefert einen spezifischen HTTP-Header der HTTP-Antwort zurück.
open(Methode, URL[, asynchron[, Benutzername[," Passwort]]])	Initialisiert ein XMLHttpRequest-Objekt.
send(Daten)	Setzt die HTTP-Anfrage ab, mit den optionalen Daten im Körper der HTTP-Anfrage.
setRequestHeader(Name, Wert)	Setzt einen Header-Eintrag für die HTTP-Anfrage.

Eigenschaften des XMLHttpRequest-Objekts

Eigenschaft	Beschreibung
onreadystatechange	Event-Handler beim Zustandswechsel des XMLHttpRequest-Objekts
readyState	Zustand des XMLHttpRequest-Objekts
responseText	HTTP-Rückgabe als Text

Eigenschaften des XMLHttpRequest-Objekts (Forts.)

Eigenschaft	Beschreibung
responseXML	HTTP-Rückgabe als (Java-Script-/DOM-)XML-Objekt
status	HTTP-Statuscode
statusText	Textbeschreibung des HTTP-Statuscodes

Stichwortverzeichnis

schnell + kompakt – IT-Wissen im Handumdrehen

Lesen Sie auch die anderen Titel aus der Reihe zu den Themen

- XML Standards
- XSLT
- Visual Studio Team System
- XNA
- .NET 2.0 – die Neuerungen
- eBay API
- Google Web Toolkit
- Ruby und Rails
- Db4o
- Social Software
- Geronimo
- Software Lifecycle
- Reguläre Ausdrücke
- Next Generation Testing mit TestNG & Co
- Java 6 – die Neuerungen

Jeder Band 7,90 Euro, erhältlich in Ihrer Buchhandlung oder direkt bestellen unter *www.entwickler-press.de*.